IMPRESSUM

Math. Lempertz GmbH
Hauptstraße 354
53639 Königswinter
Tel.: 02223 / 90 00 36
Fax: 02223 / 90 00 38
info@edition-lempertz.de
www.edition-lempertz.de

© 2017 Mathias Lempertz GmbH

Alle Rechte vorbehalten. Ohne ausdrückliche Genehmigung des Verlages ist es nicht gestattet, das Buch oder Teile daraus zu vervielfältigen oder auf Datenträger aufzuzeichnen.

Dieses Kochbuch wurde nach bestem Wissen und Gewissen verfasst. Weder der Verlag noch der Autor tragen die Verantwortung für ungewollte Reaktionen oder Beeinträchtigungen, die aus der Verarbeitung der Zutaten entstehen.
Der Markenname „Thermomix" ist rechtlich geschützt und wird nur als Bestandteil der Rezepte verwendet. Für Schäden, die bei der Zubereitung der Gerichte an Personen oder Küchengeräten entstehen, wird keine Haftung übernommen. Bitte beachte die Anwendungshinweise der Gebrauchsanweisung deines Thermomixgerätes.

 www.facebook.com/MIXtippRezepte

Titelbild: Fotolia
Lektorat: Edition Lempertz, Christina Meuser
Layout/Satz: Kerstin Pfeiffer
Druck und Bindung: Belvédère Print & Packaging BV,
www.TheArtOfMakingBooks.de

ISBN: 978-3-96058-042-3

Bildnachweis:
Fotos: © Fotolia.de: JcJg Photography, marilyn barbone, ADDICTIVE STOCK, barmalini, Marco2811, anix, HLPhoto, s1llu, Andrew Scrivani, Westend61, FomaA, sitriel, dariaustiugova, elenamedvedeva, prasit2512, Pixelot, Maksim Shebeko, san_ta, racamani, yodaswaj, Glevalex, mamsizz, dule964, Barbara Pheby, Michelle, David Smith, v_l, wavebreak3, exclusive-design, Quade, lauro55, weseetheworld, Stephanie Frey, Comugnero Silvana, bigacis, schulzfoto, Gresei, watman, wsf-f, karaidel, ji_images, zhekos, dulsita, Amelie, PureSolution

© Gerhard Walter

Herausgegeben von  Antje Watermann

GERHARD WALTER

Lieblingsrubs
& GEWÜRZE
Kochen mit dem Thermomix®

LEMPERTZ

INHALT

Vorwort 6
Einleitung 8

GERRYS BASISREZEPTE

Gerrys Zaubersalz 12
Gerrys umwerfendes Tomaten-Sesam-Zaubersalz 14
Gerrys scharfes Zaubersalz 16
Gerrys Grill-Zaubergewürz 17
Gerrys verbessertes Zitronen-Zaubersalz 18
Gerrys Zaubergewürz für Fleisch 20
Gerrys Ingwer-Zitronen-Zaubersalz 22
Gerrys Majoran-Zitronen-Zaubersalz 24

GEWÜRZSALZE

Gerrys Gomasio – japanisches Sesamsalz 28
Gerrys Steinpilz-Zaubersalz zum Verfeinern
von kräftigen Saucen 29
Gerrys einfaches Sellerie-Chili-Salz 30
Gerrys Rote Bete-Zaubersalz 32
Gerrys Chili-Schoko-Zaubersalz 34
Gerrys feines Kräuterbutter-Zaubersalz 36
Gerrys feines Bacon-Trüffelsalz 38

GEWÜRZMISCHUNGEN

Gerrys Zaubergewürz für Fisch und Meeresfrüchte 42
Gerrys Gewürzmischung „Mexiko" 44
Gerrys neues sexy Steakgewürz 46
Gerrys 5-Gewürze-China-Zauber –
ein Rub für Fleischgerichte 48
Gerrys Feuer-Zauber 50
Gerrys Pasta-Zauber à la puttanesca 52
Gerrys Orangen-Pfeffer-Zauber für die Gewürzmühle ... 54
Gerrys Zaubergewürz für Kartoffel & Co –

einfach und doch raffiniert 56
Gerrys Pizza-Zauber-Gewürz, selbstgemacht 58
Gerrys Thai-Curry, scharf 60
Gerrys Café de Paris-Gewürz 62

RUBS UND MARINADEN

Gerrys Gyros-Zauber-Rub 66
Gerrys BBQ-dry-Rub 68
Gerrys asiatische Marinade 69
Gerrys Zauber-Rub für feine Tacos und Burritos 70
Gerrys Magic-Rub 72
Gerrys Rub „mediterran" 74
Gerrys Zaubermarinade für nahezu alle Fleischsorten 76
Gerrys Spareribs-Marinade 78

SAUCEN

Gerrys teuflische Zaubersauce 82
Sugo al tonno – Gerrys feine Thunfischsauce 84
Gerrys Rotweinsauce nach Art des französischen
Hausvaters 86
Gerrys Champignon-Cognac-Sahnesauce 88
Gerrys etwas andere Grillsauce mit Bourbon Whiskey 90
Gerrys Cocktailsauce 92
Gerrys Knoblauch-Salsa mit Kapern und Oliven 94
Gerrys Mojo verde (Grüne Sauce) –
Ideale Beilage zu Gegrilltem 96
Gerrys Mojo rojo (Rote Sauce) –
Ideale Beilage zu Gegrilltem 98
Gerrys Keschte-Traubensauce aus Südtirol 100
Gerrys feine Vanille-Safransauce mit einem
Hauch Knoblauch 102

GEWÜRZBUTTER UND PESTOS

Gerrys feine Sesambutter 106
Gerrys Zauberbutter 108
Gerrys Chili-Tomaten-Knoblauchbutter 110
Gerrys Koriander-Pesto mit Leinsamen und Walnüssen ...112
Gerrys Bärlauch-Ingwer-Pesto 114

LIEBLINGSRUBS & GEWÜRZE

VORWORT

Liebe Thermomixfreunde,

nachdem uns Gerry schon in seinem ersten Buch, „Lieblingsfischgerichte", gezeigt hat, dass er mit seinem Thermomix® nicht nur kocht, sondern auch seine eigenen Gewürzkreationen herstellt, haben wir, das Team mixtipp, ihn gefragt, ob er sich nicht vorstellen könne, ein ganzes Buch zu diesem Thema zusammenzufassen.

Voilà: Gerrys Lieblingsrubs und Gewürze, von denen nicht nur Fisch, sondern auch alle Arten von Fleisch und Geflügel bis hin zu gegrilltem Gemüse profitieren werden.

Gerry nennt das, was er mit seinem Thermomix® macht, nicht nur „kochen", sondern „zaubern" – und so tragen auch seine Gewürzmischungen und -marinaden interessante Namen wie „Gerrys 5-Gewürze-China-Zauber: ein Rub für Fleischgerichte" oder „Gerrys teuflische Zaubersauce". Doch es handelt sich hierbei nicht um faulen Zauber: Nur natürliche Inhaltsstoffe, keine Geschmacksverstärker oder Konservierungsstoffe finden ihren Weg in die Rezepturen. Und wer ließe sich nicht von „Gerrys neuem sexy Steakgewürz" oder „Gerrys Thai-Curry, ein Scharfmacher ohne Salz" verführen?
Zudem verwöhnt Gerry seine Gäste gerne mit exotischen Geschmackskombinationen, die sie so sicher noch nie probiert haben, wie „Gerrys feine Vanille-Safran-Sauce mit einem Hauch Knoblauch". Schon der Duft beim Zubereiten ist der Hit. Und – es schmeckt auch so. Probiert es am besten selber aus!

Außerdem sind die „Zaubersalze", in hübsche Gläser gefüllt und beschriftet, tolle Mitbringsel für eure Familie und Freunde.

Gerry meint: „Es gibt nix Besseres als was guats!"

Der Grillsaison steht also nichts mehr im Wege!

Antje Watermann

Herausgeberin, Edition Lempertz

Lieblingsrubs & GEWÜRZE

Nichts verleiht deinem Essen mehr Charakter und Stil als Gewürze und Rubs. Im Supermarkt kannst du mittlerweile sehr viele verschiedene Mischungen erhalten. Aber nie weißt du, was wirklich drin ist. Die vielen Jahre in meiner Hobbyküche haben mich gelehrt, wirklich gutes Essen gelingt nur mit guten Zutaten. Aber auch wirklich gute Zutaten kann man oft noch verfeinern. Und genau hier ist der Ansatz zu meinen Gewürzkreationen zu finden. Oft gelang es mir, das gute Essen noch besser (schmackhafter) zu machen – sozusagen den Gesamtgeschmack abzurunden. Das bestätigen meine geliebten Mitesser immer wieder. Meine erste Salzkreation war „Gerrys Zaubersalz". Dieses Gewürzsalz ist einmalig und mittlerweile mein beliebtestes Rezept. Egal was ich koche, Gerrys Zaubersalz darf meistens nicht fehlen. Wenn du nur die für dich wichtigsten 8–10 Gewürzmischungen aus diesem Buch herstellst, verwandelst auch du deine Küche in eine echte ZAUBERKÜCHE. Zaubern ist sooo einfach und macht allen große Freude.

Seit über einem Jahr steht in meiner Küche nun auch der TM 5, den mir meine Frau zum Geburtstag schenkte. Mein Ehrgeiz war damit gepackt. Seitdem habe ich über 300 Rezepte kreiert. Da ich am Starnberger See lebe, gibt es bei uns sehr viel Fisch. Es lag also nahe, mein erstes Buch mit dem Team mixtipp mit meinem reichhaltigen Schatz an Lieblingsfischgerichten auszustatten. Auch im ersten Buch durften mein Zaubersalz und mein Zaubergewürz für Fisch und Meeresfrüchte (die auch in dieses Buch wieder mit eingeflossen sind) nicht fehlen. Die Leidenschaft zum Kreieren von Gewürzen, Salzen, Rubs, Saucen und Marinaden hat das Team mixtipp und mich dazu gebracht, einen zweiten Band mit diesen Rezepten herauszugeben.

Meine absoluten Lieblingsrezepte sind Gerrys Zaubersalz, Gerrys Zaubergewürz für Fleisch und ebenso Gerrys Zaubergewürz für Fisch und Meeresfrüchte. Diese Bereicherungen sollten in keiner Küche fehlen. Die Ideen zu meinen Rezepten entstehen oft über Nacht.

EINLEITUNG

Mein neuestes Rezept, das momentan nur in meinem Kopf umgeht, ist ein Rote Bete-Gelee mit Himbeeren und Lachskaviar auf Crème fraîche im grünen Kressebettchen. Vielleicht ist dieses Rezept ja im nächsten Kochbuch nachzulesen ...

In meinen Rezepten findest du oft die Angabe gehäufter (geh.) oder gestrichener (gestr.) TL bzw. EL. Damit du genau weißt, was ich damit meine, hier eine kurze Erklärung:

gehäufter TL: Wenn du einen TL z.B. in eine Zuckerpackung steckst und ihn dann wieder raus nimmst, hat sich ein kleiner Hügel mit Zucker auf dem Löffel gebildet. Dies entspricht der Menge für einen gehäuften TL.

gestrichener TL: Bei einem gestrichenen TL solltest du keinen Hügel auf deinem Löffel haben. Hier ist die Menge gemeint, die genau in die Kuhle des Löffels passt. Das überschüssige Salz oder den überschüssigen Zucker kannst du mit einem Messer abstreichen, um eine glatte Ebene zu haben.

Löffel können unterschiedlich groß sein. Das ist aber nicht weiter schlimm. Verwende für ein Rezept denselben Löffel, damit die Verhältnisse stimmen. Die Wiegemaße zwischen einem gestrichenen und gehäuften TL sind demnach unterschiedlich. Zur Orientierung hier ein paar Werte:

Salz:
gestr. TL= ca. 5 g, geh. TL= ca. 10 g
Zucker:
gestr. TL= ca. 4 g, geh. TL= ca. 8 g
Paprikapulver:
gestr. TL= ca. 2 g, geh. TL= ca. 4 g

Beachte bitte bei allen Rezepten: Wegen der Haltbarkeit der Gewürze ist es besonders wichtig, auf gutes Trocknen zu achten! Und im Übrigen gilt die Regel – wie im richtigen Leben: ALLES, WAS MIT LIEBE GEMACHT WIRD, WIRD DANN AUCH GUT ...

Ich wünsche dir viel Spaß mit meinen Rezepten!
Zauberhafte Grüße vom Starnberger See,

dein Gerry

GERRYS
BASISREZEPTE

1 Glas | 10 Min. | leicht

GERRYS ZAUBERSALZ

Zubereitungszeit: 10 Minuten
Utensilien: 1 Schraubglas
à 400 ml
Zutaten für 1 Glas

10 g Zitronengras, gefriergetrocknet, z.B. von Ostmann

5 Wacholderbeeren

1 Lorbeerblatt, getrocknet

2 kleine Chilischoten

3 EL Zwiebelgranulat, z.B. von Ostmann

2 EL Knoblauchgranulat, z.B. von Sonnentor

4 EL Suppengrün, getrocknet

1 TL Thymian, getrocknet

5 Pimentkörner

1 TL Currypulver

2 TL Liebstöckelpulver

1 TL Paprikapulver, rosenscharf

300 g feines Meersalz, z.B. Fleur de Sel

Gerrys Zaubersalz ist Kräutersalz vom feinsten … Wichtig: Nur getrocknete Zutaten verwenden!

1. Als Erstes gibst du das Zitronengras in den Mixtopf und zerkleinerst es 15 Sekunden/ Stufe 10, schiebst die Stückchen mit dem Spatel nach unten und wiederholst den Vorgang 15 Sekunden/ Stufe 10. Warte 2 Minuten, bevor du den Deckel öffnest, da es sehr staubt.

2. Nun fügst du die Wacholderbeeren, das Lorbeerblatt, die Chilischoten, das Zwiebelgranulat, das Knoblauchgranulat, das Suppengrün, den Thymian und die Pimentkörner hinzu und zerkleinerst die Zutaten 20 Sekunden/ Stufe 9.

3. Ergänze den Mixtopfinhalt um Currypulver, Liebstöckelpulver, Paprikapulver und Meersalz und verarbeite die Zutaten 1 Minute/ Stufe 5 zu einem leckeren Salz.

4. In einem trockenen Schraubglas hält das Kräutersalz monatelang.

mixtipp
Dieses feine Würzsalz schmeckt zu Fleisch, Fisch, Gemüse oder auch Eierspeisen.

mixtipp

Wer kein Fan von Zitronengras ist, lässt dieses einfach weg! Aber mit Zitronengras ist das Salz der Hammer!

1 Glas | 15 Min. | leicht

GERRYS UMWERFENDES TOMATEN-SESAM-ZAUBERSALZ

Zubereitungszeit: 15 Minuten
Utensilien: 1 Schraubglas à 400 ml
Zutaten für 1 Glas

- 1 geh. EL schwarze Pfefferkörner
- 1 geh. EL Sesamkörner
- 2 Lorbeerblätter, getrocknet, frische können giftig sein!
- 2 EL Paprikapulver, edelsüß
- 2 EL Paprikapulver, geräuchert, z.B. von Fuchs
- 1 EL Knoblauchgranulat, z.B. von Sonnentor
- 10 EL Tomatenpulver, gibt´s im Internet, z.B. von Gewürze der Welt
- 2 EL Basilikum, getrocknet
- 2 EL Oregano, getrocknet
- 1 gestr. EL Vanillezucker
- 1 TL Rosmarin, getrocknet
- 1 gestr. EL Chiliringe, getrocknet, z.B. von Gewürze der Welt
- 3 EL feines Meersalz, z.B. Fleur de Sel
- 1 EL Gerrys Majoran-Zitronen-Zaubersalz (s. S. 24)

Umwerfend deshalb – weil man damit sooo viel machen kann.

1. Wir gehen das ganz entspannt an und rösten in einer Pfanne ohne Fett die Pfefferkörner und den Sesam langsam und schonend an. Wenn deine Küche beginnt, herrlich zu duften, dann freue dich! Du bist auf dem richtigen Weg.

2. Gib die gerösteten Körner aus der Pfanne mit den Lorbeerblättern in den Mixtopf und zerkleinere die Zutaten 10 Sekunden/ Stufe 10. Schiebe die Stücke mit dem Spatel nach unten.

3. Nun füllst du noch die restlichen Zutaten in den Mixtopf und vermischst das Zaubersalz 10 Sekunden/ Stufe 7 kräftig. Fülle es anschließend in ein luftdichtes Glas, dort hält es sich über Monate.

mixtipp

Dieses Tomaten-Zaubersalz kannst du in der Küche zu sooo vielen Gerichten einsetzen:
- zum Verfeinern von vielen Tomatensaucen, Suppen, Pasta aller Art, Salaten und Grillmarinaden
- Es eignet sich auch zum Rot-Einfärben ohne Chemie von Speisen. Besonders lecker ist es auch zu Tomate-Mozzarella und selbst auf einem schlichten Käsebrot ist es ein Traum. Probier es aus!

LIEBLINGSRUBS & GEWÜRZE

GERRYS BASISREZEPTE

 2 Gläser   5 Min.   leicht

GERRYS SCHARFES ZAUBERSALZ

Zubereitungszeit: 5 Minuten
Utensilien: 2 Schraubgläser à 150 ml
Zutaten für 2 Gläser

30 g bunte Pfefferkörner
2 EL Chilis, ganz, getrocknet
2 TL Rosmarin, getrocknet
1 TL Thymian, getrocknet
4 EL Suppengrün, getrocknet
200 g grobes Meersalz
1 TL Knoblauchgranulat, z.B. von Sonnentor

Wenn du es mal scharf möchtest ...

1. Gib die Pfefferkörner, die Chilis, den Rosmarin, den Thymian, das Suppengrün, das Salz und das Knoblauchgranulat in den Mixtopf und zerkleinere alle Zutaten 10 Sekunden/ Stufe 10. Schiebe Reste am Rand mit dem Spatel nach unten und wiederhole den Vorgang erneut 10 Sekunden/ Stufe 10. Warte 2 Minuten, bevor du den Deckel öffnest, da es sehr staubt.

2. Voilà! Schon ist Gerrys scharfes Zaubersalz fertig.

mixtipp
Sollte dir der Gerry zu scharf sein, mische einfach mehr feines Salz unter.

mixtipp
Schmeckt hervorragend zu allem, wenn du es a bißl schärfer magst ... :)

LIEBLINGSRUBS & GEWÜRZE

GERRYS GRILL-ZAUBERGEWÜRZ

1 Glas | 15 Min. | leicht

Zubereitungszeit: 15 Minuten
Utensilien: 1 Schraubglas à 400 ml
Zutaten für 1 Glas

3 EL Gerrys Zaubersalz (s. S. 12)
1 EL schwarze Pfefferkörner
2 EL Rohrzucker
1 EL Senfkörner
1 EL kleine Chilis, getrocknet
2 EL Knoblauchgranulat, z.B. von Sonnentor
2 EL Paprikapulver, edelsüß
2 EL Paprikapulver, geräuchert, z.B. von Fuchs
1 EL Kreuzkümmel, gemahlen
½ EL Cayennepfeffer

Zum Grillen hat der Gerry genau das Richtige für euch!

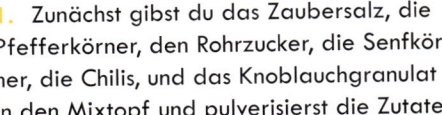

1. Zunächst gibst du das Zaubersalz, die Pfefferkörner, den Rohrzucker, die Senfkörner, die Chilis, und das Knoblauchgranulat in den Mixtopf und pulverisierst die Zutaten 10 Sekunden/ Stufe 10. Schiebe alles mit dem Spatel nach unten.

2. Füge nun die beiden Paprikapulversorten, den Kreuzkümmel und den Cayennepfeffer hinzu und zerkleinere das Gewürz nochmals 10 Sekunden/ Stufe 10.

mixtipp

Mit diesem geilen Grillgewürz kannst du wirklich zaubern: - entweder streust du es als Pulver über das Fleisch oder - du rührst es mit Sojasauce, etwas Honig und Olivenöl zu einer zauberhaften Marinade an. Die beste Wirkung erzielst du, wenn du das Fleisch mit der Marinade in einem Plastikbeutel ggf. mit einem Rosmarinzweiglein über Nacht im Kühlschrank ziehen lässt.

GERRYS BASISREZEPTE

 1 Glas   2 h 10 Min.   mittel

GERRYS VERBESSERTES ZITRONEN-ZAUBERSALZ

Zubereitungszeit: 10 Minuten
Backzeit: 2 Stunden, 90°C Umluft
Utensilien: 1 Schraubglas à 200 ml
Zutaten für 1 Glas

2 Bio-Zitronen
175 g grobes Meersalz
10 g Zitronengras, gemahlen

1. Als Erstes heizt du den Backofen auf 90°C Umluft vor und legst ein Backblech mit Backpapier aus. Dann schneidest du mithilfe eines Messers die Schale der Zitrone ab. Entferne dabei nicht die weiße Haut, denn diese schmeckt bitter. Presse mit einer Saftpresse eine der geschälten Zitronen aus.

2. Gib die Zitronenschale in Stücken zusammen mit dem Meersalz in den Mixtopf und zerkleinere beides 8 Sekunden/ Stufe 8. Gieße den Zitronensaft hinzu und vermische die Zutaten 12 Sekunden/ Stufe 4.

3. Verteile das feuchte Salz auf dem vorbereiteten Backblech und lass es im Backofen 2 Stunden/ 90°C Umluft trocknen.

4. Gib das getrocknete Salz danach erneut in den gereinigten Mixtopf und zerkleinere es mit dem Zitronengras 20 Sekunden/ Stufe 10. Fülle es dann in das Glas ab, in dem es sich mindestens 3 Monate lang hält.

mixtipp
Wo immer du feinen Zitronengeschmack benötigst, nimm nicht nur den Saft. Dieser liefert dir zwar die gewollte Säure, aber den feinen Zitronengeschmack gibt dir erst die Zitronenschale.

mixtipp
Gerrys Zitronen-Zaubersalz passt hervorragend zu Fisch und Hühnchen. Eine Peperonata und anderes Gemüse schmecken ebenfalls toll damit. Und ein Frühstücksei erkennst du kaum wieder!

LIEBLINGSRUBS & GEWÜRZE

1 Glas 5 Min. leicht

GERRYS ZAUBERGEWÜRZ FÜR FLEISCH

Zubereitungszeit: 5 Minuten
Utensilien: 1 Schraubglas à 400 ml
Zutaten für 1 Glas

20 g Zucker
1 EL feines Meersalz, z.B. Fleur de Sel
1 EL Senfpulver
2 EL Chilipulver
2 EL Kreuzkümmel, gemahlen
1 EL schwarzer Pfeffer
1 EL Cayennepfeffer
2 EL Knoblauchgranulat, z.B. von Sonnentor
4 EL Paprikapulver, edelsüß
2 EL Sellerie-Chili-Salz (s. S. 30)

1, 2, 3 – Zauberei ... Manchmal kann zaubern so einfach sein!

1. Als Erstes gibst du den Zucker in den Mixtopf und pulverisierst ihn 10 Sekunden/ Stufe 10 zu Puderzucker. Warte 2 Minuten, bevor du den Deckel öffnest, da es sehr staubt.

2. Nun fügst du das Meersalz, das Senf- und Chilipulver, den Kreuzkümmel, den Pfeffer, den Cayennepfeffer, den Knoblauch, das Paprikapulver und das Sellerie-Chili-Salz hinzu und zerkleinerst die Zutaten 15 Sekunden/ Stufe 4. Fertig ist das Zaubergewürz!

mixtipp
Besonders raffiniert ist es, wenn du das Zaubergewürz mit 2 EL Whiskey anrührst und damit z.B. Steaks einreibst.

mixtipp
Du kannst trocken damit zaubern oder das Gewürz mit Olivenöl, Honig und Sojasauce anrühren!

GERRYS BASISREZEPTE

2 Gläser | 3 h 10 Min. | leicht

GERRYS INGWER-ZITRONEN-ZAUBERSALZ

Zubereitungszeit: 10 Minuten
Backzeit: 3 Stunden, 90°C Umluft
Utensilien: 2 Schraubgläser à 100 ml
Zutaten für 2 Gläser

---

50 g grobes Meersalz

100 g frischer Ingwer, geschält, in Stücken

50 g Gerrys verbessertes Zitronen-Zaubersalz (s. S. 18)

Schon der Duft beim Zubereiten ist der Hit. Und der Duft hält, was er verspricht ...

1. Zuerst heizt du den Backofen auf 90°C Umluft vor und legst ein Backblech mit Backpapier aus.

2. Dann zerkleinerst du das grobe Meersalz im Mixtopf 4 Sekunden/ Stufe 6 und füllst es in ein separates Schälchen um.

3. Jetzt schälst du den Ingwer und schneidest ihn in Stücke. Zerkleinere ihn anschließend 4 Sekunden/ Stufe 5 und schiebe die Stücke mit dem Spatel nach unten. Zerkleinere die Ingwerstücke erneut 4 Sekunden/ Stufe 6 und schiebe alles nochmals mit dem Spatel nach unten. Nun fügst du beide Salzsorten hinzu und vermischst sie 10 Sekunden/ Stufe 4 mit dem Ingwer.

4. Verteile das Salz auf dem Backblech und trockne es 3 Stunden/ 90°C Umluft im Backofen. Ab und zu solltest du kurz die Backofentür öffnen, damit die entstandene Feuchtigkeit entweichen kann.

mixtipp
Das Salz hält sich viele Monate, aber erfahrungsgemäß ist es schnell weggezaubert!

LIEBLINGSRUBS & GEWÜRZE

mixtipp

Dieses neue Ingwer-Zitronen-Zaubersalz ist nicht nur für asiatische Salate eine Bereicherung, sondern auch für viele Gemüsepfannen die passende Würze.

GERRYS MAJORAN-ZITRONEN-ZAUBERSALZ

Zubereitungszeit: 15 Minuten
Backzeit: 3 Stunden, 90°C Ober-/Unterhitze
Utensilien: 1 Schraubglas à 400 ml
Zutaten für 1 Glas

Saft und Schale von 1 Bio-Zitrone

60 g frische Majoranblättchen

150 g grobes Meersalz

50 g Gerrys Zaubersalz (s. S. 12)

1 TL brauner Zucker

Wieder eine Geschmacksrevolution in deiner Küche!

1. Als Erstes heizt du den Backofen auf 90°C Ober-/Unterhitze vor und legst ein Backblech mit Backpapier aus.

2. Schneide mithilfe eines Messers die Schale der Zitrone ab, ohne dabei die weiße Haut zu entfernen. Presse außerdem den Zitronensaft aus.

3. Gib dann die Zitronenschale, die Majoranblättchen, das grobe Meersalz, Gerrys Zaubersalz und den braunen Zucker in den Mixtopf und zerkleinere die Zutaten 8 Sekunden/ Stufe 7. Schiebe alles mit dem Spatel nach unten und gieß den Zitronensaft dazu. Nun zerkleinerst du das Salz erneut 10 Sekunden/ Stufe 4.

4. Verteile die feuchte Masse auf dem Backblech und lass sie im Backofen 3 Stunden/ 90°C Ober-/Unterhitze trocknen. Das getrocknete Salz gibst du in den gereinigten Mixtopf und zerkleinerst es nochmals 10 Sekunden/ Stufe 10.

mixtipp
In einem trockenen Schraubglas hält das Zaubersalz sehr lange.

GEWÜRZSALZE

GERRYS GOMASIO – JAPANISCHES SESAMSALZ

1 Glas | 5 Min. | leicht

mixtipp
Die Japaner würzen gerne ihren Reis mit Gomasio. Gekaufte Sushirollen, damit bestreut, entfalten plötzlich ungeahnte Aromen.

Zubereitungszeit: 5 Minuten
Utensilien: 1 dunkles Schraubglas à 150 ml
Zutaten für 1 Glas

50 g Sesamkörner
25 g Meersalz, grob oder fein

Dieses ungewohnte Salz passt zu Gerichten, denen du einen asiatisch-japanischen Anstrich verleihen möchtest.

1. Zuerst röstest du die Sesamkörner in einer Pfanne ohne Fett vorsichtig bei mittlerer Hitze an. Die Saat sollte eine leichte Bräune annehmen und duften. Lass sie dann 10 Minuten abkühlen.

2. Gib das Meersalz und die Sesamkörner in den Mixtopf und zerkleinere beides 10 Sekunden/ Stufe 6. Fülle das Salz in ein dunkles Glas mit Schraubverschluss. So ist es ungefähr vier Wochen haltbar.

mixtipp
Liebhaber von Tatar erleben eine neue Welt, wenn sie Rindertatar mit Sojasauce, Wasabi, eingelegtem Ingwer, Eigelb und dem Gomasio vermengen. Aber auch ein Rindersteak, nach dem Braten damit verfeinert, ist ein Hochgenuss!

GEWÜRZSALZE 29

 1 Glas   5 Min.   leicht

GERRYS STEINPILZ-ZAUBERSALZ ZUM VERFEINERN VON KRÄFTIGEN SAUCEN

Zubereitungszeit: 5 Minuten
Utensilien: 1 Schraubglas à 150 ml
Zutaten für 1 Glas

50 g Steinpilze, getrocknet

5 g Sellerie-Chili-Salz (s. S. 30)

1 Prise Muskat

25 g feines Meersalz, z.B. Fleur de Sel

Ich war mal wieder am Gardasee. Da musste ich einfach diese feinen getrockneten funghi porcini auf dem Markt kaufen.

1. Als Erstes pulverisierst du die getrockneten Steinpilze im Mixtopf 10 Sekunden/Stufe 10. Säubere den Rand mit dem Spatel und wiederhole den Vorgang.

2. Gib Sellerie-Chili-Salz, Muskat und Meersalz dazu und mische die Zutaten 12 Sekunden/ Stufe 3. Das Salz hält sich viele Monate lang.

mixtipp
Gerrys Steinpilz-Zaubersalz gibt vielen deiner Fleischsaucen ggf. mit einem Schuss Cognac und etwas Sahne den letzten Kick. Wetten, dass …?

LIEBLINGSRUBS & GEWÜRZE

1 Glas | 4 h 30 Min. | leicht

GERRYS EINFACHES SELLERIE-CHILI-SALZ

Zubereitungszeit: 30 Minuten
Ruhezeit: 2 Stunden
Backzeit: 2 Stunden,
90°C Ober-/Unterhitze
Utensilien: 1 Schraubglas
à 200 ml
Zutaten für 1 Glas

---

1 große Knolle Sellerie, geputzt, in Stücken (etwa 1000 g)

ca. 75 g Meersalz, grob oder fein

2–4 kleine Chilischoten, getrocknet

Mit Selleriesalz kannst du nahezu alle Suppen und Saucen verfeinern. Und mit Sellerie-Chili-Salz gibst du Gerichten dazu noch eine pikante Note ...

1. Die Selleriestücke zerkleinerst du nacheinander jeweils 6 Sekunden/ Stufe 6 und verteilst sie gleichmäßig auf 2 mit Backpapier belegten Backblechen. Lass die Selleriestückchen dann an einem warmen Ort offen 2 Tage trocknen. Schichte die Masse jeden Tag mit der Gabel etwas um. Am dritten Tag trocknest du den Sellerie im Backofen 2 Stunden/ 90°C Ober-/Unterhitze. Du erhältst ca. 75 g Sellerie-Trockenmasse.

2. Nun gibst du die Sellerie-Trockenmasse mit der gleichen Menge Meersalz (ca. 75 g) und den Chilis in den Mixtopf und zerkleinerst die Zutaten 10 Sekunden/ Stufe 8. Warte zwei Minuten, bevor du den Deckel öffnest, da die Mischung staubt. Wiederhole den Vorgang mehrfach.

mixtipp
In einem trockenen Glas hält sich dieses Alltagssalz über ein Jahr. Aber ich wette mit dir, dass dieses tolle Gewürzsalz viel eher verbraucht ist ...

GEWÜRZSALZE

1 Glas | mind. 27–28 h 10 Min. | mittel

GERRYS ROTE BETE-ZAUBERSALZ

Zubereitungszeit: 10 Minuten
Ruhezeit: mind. 24 Stunden
Backzeit: 3–4 Stunden, 90°C Ober-/Unterhitze
Utensilien: 1 Schraubglas à 200 ml
Zutaten für 1 Glas

---

500 g Rote Bete, gekocht, in Stücken

2 TL Zitronensaft

Abrieb von ½ Bio-Zitrone

50 g feines Meersalz, z.B. Fleur de Sel

1 EL Himbeersirup

1 EL Honig

50 g Gerrys scharfes Zaubersalz (s. S.16)

Dieses Zaubersalz ist der Künstler auf deinen Tellern! Es schmeckt „sauguad" und bringt Farbe in dein Küchenleben.

1. Als Erstes zerkleinerst du die Rote Bete im Mixtopf 8 Sekunden/ Stufe 8. Schiebe die Stücke anschließend mit dem Spatel nach unten.

2. Nun gibst du Zitronensaft, Zitronenabrieb, Meersalz, Himbeersirup, Honig und Gerrys Zaubersalz dazu und mischst die Zutaten 20 Sekunden/ Stufe 4 kräftig durch. Das Salz füllst du in eine kleine Schüssel um und lässt es im Kühlschrank mindestens 24 Stunden ruhen.

3. Dann heizt du den Backofen auf 90°C Ober-/Unterhitze vor und legst ein Backblech mit Backpapier aus.

4. Das feuchte Rote Bete-Salz lässt du in einem feinen Sieb abtropfen, damit es nicht mehr zu nass ist. Verteile die Mischung anschließend auf dem vorbereiteten Backblech und lass sie im Backofen 3–4 Stunden/ 90°C Ober-/Unterhitze trocknen. Zwischendurch solltest du die Backofentür kurz öffnen, damit der Wasserdampf entweichen kann.

5. Dann gibst du das Rote Bete-Salz in den gereinigten Mixtopf und zerkleinerst es erneut 12 Sekunden/ Stufe 9.

mixtipp

Ob zu Mozzarella, weißen Fischfilets, Hühnchenbrust, hellem Kalbfleisch oder Pasta … Als Kontrast zu deinem Kunstwerk empfehle ich noch dunklen Aceto Balsamico. Sei mit beiden „Farben" einfach kreativ und tobe dich aus.

LIEBLINGSRUBS & GEWÜRZE

2 Gläser 10 Min. leicht

GERRYS CHILI-SCHOKO-ZAUBERSALZ

Zubereitungszeit: 10 Minuten
Utensilien: 2 Schraubgläser
à 200 ml
Zutaten für 2 Gläser

- 120 g grobes Meersalz
- 3 kleine Chilischoten, getrocknet
- 50 g Zartbitterschokolade, in Stücken
- 1 EL Kakaopulver
- 100 g Gerrys scharfes Zaubersalz (s. S. 16)
- 1 geh. TL Zimt
- ½ TL Orangenpfeffer, z.B. von Kaufland

Dieses Zaubersalz ist der Hammer ...

1. Zuerst pulverisierst du im Mixtopf das Meersalz, die Chilischoten und die Schokoladenstückchen 10 Sekunden/ Stufe 10. Schiebe die Stücke anschließend mit dem Spatel nach unten. Wiederhole gegebenenfalls den Vorgang, wenn die Schokostückchen zu groß sind.

2. Dann gibst du das Kakaopulver, Gerrys Zaubersalz, den Zimt und den Orangenpfeffer dazu und vermischst die Zutaten 10 Sekunden/ Stufe 4 kräftig. In Gläser abgefüllt und dunkel gelagert hält sich dieses Zaubersalz locker ein Jahr.

GERRYS FEINES KRÄUTER-BUTTER-ZAUBERSALZ

 1 Glas 10 Min. leicht

Zubereitungszeit: 10 Minuten
Utensilien: 1 Schraubglas à 400 ml
Zutaten für 1 Glas

- 1 EL Schnittlauchröllchen, getrocknet
- 1 EL Petersilie, getrocknet
- 1 EL Basilikum, getrocknet
- 1 EL Knoblauchgranulat, z.B. von Sonnentor
- 2 TL Dill, getrocknet
- 1 TL Liebstöckel, getrocknet
- 1 TL Thymian, getrocknet
- 1 TL Koriander, getrocknet
- 2 TL Estragon, getrocknet
- ½ TL Ingwer, gemahlen, z.B. von Ostmann
- ½ TL brauner Zucker
- 1 Msp. Muskat
- 50 g Gerrys Zaubersalz (s. S. 12)
- 150 g grobes Meersalz

1. Zuerst gibst du Schnittlauch, Petersilie, Basilikum, Knoblauchgranulat, Dill, Liebstöckel, Thymian, Koriander, Estragon, gemahlenen Ingwer, Zucker, Muskat, Zauber- und Meersalz in den Mixtopf. Dann zerkleinerst du die Mischung 12 Sekunden/ Stufe 8. Warte 2 Minuten, bevor sich der Staub gelegt hat. Zerkleinere das Salz erneut 10 Sekunden/ Stufe 10.

2. Nach 2 Minuten Wartezeit kannst du das Salz in ein Schraubglas abfüllen.

mixtipp

Für eine Kräuterbutter vermischst du 250 g weiche Butter und 15 g (das sind 2 gestr. TL) Kräuterbutter-Zaubersalz 2 Minuten/ Stufe 3. Wenn du magst, kannst du noch eine zuvor zerkleinerte Schalotte unterrühren: Ich liebe das Knuspern auf den frischen Zwiebelstückchen.

mixtipp

Anstelle von Butter kannst du auch die gleiche Menge Quark nehmen und schwups, hast du einen leckeren Kräuterquark!

mixtipp

Die fertige weiche Kräuterbutter lege ich in eine Folie, forme daraus eine Art Wurst und lass sie im Kühlschrank hart werden. Bei Bedarf kannst du dir im wahrsten Sinne des Wortes eine Scheibe abschneiden …

GEWÜRZSALZE

1 Glas · 10 Min. · leicht

GERRYS FEINES BACON-TRÜFFELSALZ

Zubereitungszeit: 10 Minuten
Utensilien: 1 Schraubglas à 150 ml
Zutaten für 1 Glas

- 2 dünne Scheiben Bacon
- 2 TL schwarze Pfefferkörner
- 1 TL Sesam, geröstet
- ½ TL Gerrys scharfes Zaubersalz (s. S. 16)
- 1 TL Thymian, getrocknet
- 1 TL Oregano, getrocknet
- 4 TL Trüffelsalz, z.B. von Casina Rossa
- 1 TL Sellerie-Chili-Salz (s. S. 30)
- 3 TL feines Meersalz, z.B. Fleur de Sel

Dieses Würzsalz entwickelt eine richtige Geschmacksexplosion.

1. Zunächst brätst du die Baconscheiben in einer Pfanne ohne Fett auf mittlerer Hitze knusprig an. Lege diese dann auf Küchenpapier und tupfe sie trocken.

2. Nun zerkleinerst du die Pfefferkörner im Mixtopf 5 Sekunden/ Stufe 7 grob. Füge die gerösteten Speckscheiben in groben Stücke hinzu und zerkleinere beides 5 Sekunden/ Stufe 4. Baconstückchen sollten noch erkennbar bleiben.

3. Anschließend gibst du Sesam, Gerrys Zaubersalz, Thymian, Oregano, Trüffel-, Sellerie und Meersalz dazu und vermischst die Zutaten 20 Sekunden/ Stufe 2.

4. Diese Köstlichkeit hält im Schraubglas im Kühlschrank locker 8–10 Wochen.

mixtipp
Auf Pasta al burro (Butternudeln) bestreut bekommst du eine völlig neue Vorspeise. (Sparsam würzen!)

mixtipp
Wenn du kein Trüffelsalz hast, ersetze es einfach durch die gleiche Menge Fleur de Sel. Schmeckt auch klasse, aber natürlich anders.

LIEBLINGSRUBS & GEWÜRZE

mixtipp

Schmeckt zu Butter- und Schnittlauchbrot genauso grandios wie zu Steaks und Grillfleisch.

GEWÜRZ-MISCHUNGEN

GERRYS ZAUBERGEWÜRZ
FÜR FISCH UND MEERESFRÜCHTE

2 Gläser | 15 Min. | leicht

Zubereitungszeit: 15 Minuten
Utensilien: 2 Schraubgläser à 100 ml
Zutaten für 2 Gläser

2 EL Suppengrün, getrocknet
2 EL Pfefferkörner, bunt
1 EL Gerrys verbessertes Zitronen-Zaubersalz (s. S. 18)
2 TL Dill, getrocknet
1 TL Rosmarin, getrocknet
2 TL gelbe Senfkörner
2 TL Koriandersamen
1 TL Kardamomsamen
1 kleine Chilischote, getrocknet
3 geh. EL grobes Meersalz

Schmeckt köstlich zu gebratenem, gedünstetem und gekochtem Fisch. Aber auch Scampi schmecken damit noch besser. Wichtig ist, dass du nur getrocknete Zutaten verwendest!

Gib das Suppengrün, die Pfefferkörner, das Zitronen-Zaubersalz, den Dill, den Rosmarin, die Senfkörner, die Koriander- und Kardamomsamen, die Chilischote und das Meersalz in den Mixtopf. Zerkleinere nun die Zutaten 10 Sekunden/ Stufe 10. Wiederhole den Vorgang und warte anschließend 2 Minuten, bevor du den Deckel öffnest, da die Mischung sehr staubt.

mixtipp
Du kannst das Gewürz auf 2 Arten nutzen:
- einfach fein über den Fisch streuen
oder
- mit etwas Sojasauce, Honig und Olivenöl eine köstliche Marinade zubereiten.

GERRYS GEWÜRZ-MISCHUNG „MEXIKO"

 1 Glas 15 Min. leicht

Zubereitungszeit: 15 Minuten
Utensilien: 1 Schraubglas à 400 ml
Zutaten für 1 Glas

- 1 EL Gerrys Zaubersalz (s. S. 12)
- 4 EL Chilipulver
- 2 EL Paprikapulver, edelsüß
- 1 EL Knoblauchgranulat, z.B. von Sonnentor
- 2 EL Zwiebelgranulat, z.B. von Ostmann
- 2 EL Currypulver
- 2 EL Suppengrün, getrocknet
- ½ TL Zimt
- 2 TL Kreuzkümmel, gemahlen
- ½ TL Cayennepfeffer
- 1 TL Ingwer, gemahlen, z.B. von Ostmann
- 1 TL Kurkuma, gemahlen
- 1 EL schwarze Pfefferkörner, ganz

Genial einfach, einfach genial ... Wichtig ist, dass alle Zutaten getrocknet sind.

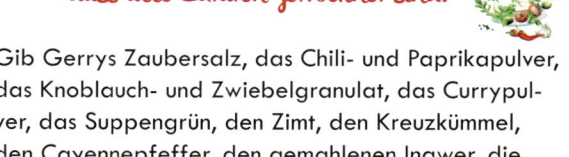

Gib Gerrys Zaubersalz, das Chili- und Paprikapulver, das Knoblauch- und Zwiebelgranulat, das Currypulver, das Suppengrün, den Zimt, den Kreuzkümmel, den Cayennepfeffer, den gemahlenen Ingwer, die Kurkuma sowie den schwarzen Pfeffer in den Mixtopf. Zerkleinere dann alle Zutaten 15 Sekunden/ Stufe 6 und schalte langsam auf Stufe 9 hoch.
Im Glas hält sich diese Köstlichkeit monatelang.

mixtipp
Du kannst deinem Körper und dem deiner Lieben kaum etwas Besseres antun, als in der Küche mit Knoblauch, Ingwer, Kurkuma und schwarzem Pfeffer zu würzen.

1 Glas 15 Min. leicht

GERRYS NEUES SEXY STEAKGEWÜRZ

Zubereitungszeit: 15 Minuten
Utensilien: 1 Schraubglas
à 400 ml
Zutaten für 1 Glas

- 2 EL Paprikapulver, geräuchert, z.B. von Fuchs
- 2 EL Rauchsalz, z.B. von Fuchs
- 1 EL brauner Zucker
- 1 geh. TL Zwiebelgranulat, z.B. von Ostmann
- 1 TL Kreuzkümmel, gemahlen
- 1 TL Oregano
- 1 TL Koriander, gemahlen
- 3 EL Gerrys scharfes Zaubersalz (s. S. 16)

G. G. G. = Gerrys geile Gewürzmischung! Auch hier müssen wieder alle Zutaten getrocknet sein!

Gib das Paprikapulver, das Rauchsalz, den Zucker, das Zwiebelgranulat, den Kreuzkümmel, den Oregano, den Koriander und Gerrys scharfes Zaubersalz in den Mixtopf und zerkleinere alle Zutaten 10 Sekunden/Stufe 9 zum sexy Steakgewürz.

mixtipp
Und das Beste: Das Gewürz kommt ganz ohne Zusatzstoffe und Geschmacksverstärker aus.

mixtipp
Das Geheimnis ist das Raucharoma!

GERRYS 5-GEWÜRZE-CHINA-ZAUBER –
EIN RUB FÜR FLEISCHGERICHTE

 1 Glas   15 Min.   leicht

Zubereitungszeit: 15 Minuten
Utensilien: 1 Schraubglas à 200 ml
Zutaten für 1 Glas

50 g Sternanis, ganz
50 g Szechuan-Pfefferkörner
60 g Fenchelsamen
40 g Nelken
40 g Zimtpulver

Hier kommt wieder etwas zum Zaubern in deine Küche. Viel Spaß!

1. Als Erstes röstest du Sternanis, Szechuan-Pfefferkörner und Fenchelsamen in einer beschichteten Pfanne ohne Fett an. Sobald die Gewürze anfangen zu duften, ziehe die Pfanne vom Feuer.

2. Nun gibst du die Gewürze aus der Pfanne sowie die Nelken und den Zimt in den Mixtopf und pulverisierst die Zutaten 10 Sekunden/ Stufe 10.

mixtipp
In ein trockenes Glas abgefüllt und dunkel gelagert hält auch dieser China-Zauber locker ein Jahr.

mixtipp
Das Gewürz schmeckt auch köstlich zu vielen Wok-Gemüsen, Frühlingsrollen, gebratenen Nudeln und Reis. Ebenso Falafel und Couscous lieben diesen Zauber.

GERRYS FEUER-ZAUBER

 1 Glas 10 Min. leicht

Zubereitungszeit: 10 Minuten
Utensilien: 1 Schraubglas
à 200 ml
Zutaten für 1 Glas

be careful, it's hot! für alle, die es scharf mögen ... Wichtig ist auch hier, dass nur trockene Zutaten verwendet werden.

| 1 EL Paprikapulver, edelsüß |
| 2 EL Paprikapulver, geräuchert, z.B. von Fuchs |
| 3 EL Chilischoten, getrocknet |
| 1 EL bunte Pfefferkörner |
| 1 EL brauner Zucker |
| 1 EL Cayennepfeffer |
| 5 Pimentkörner |
| ½ TL Liebstöckelpulver |
| ½ TL Zimt |
| 2 EL grobes Meersalz |

1. Gib beide Paprikapulversorten, die Chilischoten, die Pfefferkörner, den braunen Zucker, den Cayennepfeffer, die Pimentkörner, das Liebstöckelpulver, den Zimt und das Salz in den Mixtopf.

2. Zerkleinere anschließend alle Zutaten 10 Sekunden/ Stufe 8. Warte 2 Minuten, bevor du den Deckel öffnest, da das Salz sehr staubt. In einem trockenen Schraubglas hält sich der Feuerzauber viele Monate.

mixtipp
Ideal ist das Salz, wenn du am Grill nach dem letzten Kick suchst oder du dein Gulasch oder auch dein Tatar aufpeppen möchtest.

mixtipp
Diese Kreation ist zwar hot, aber auch wirklich geschmacklich einmalig. Viele deiner Gerichte, die eine gewisse Schärfe brauchen, finden dadurch die Krönung. Gehe am Anfang aber etwas vorsichtig damit um!

mixtipp

Wenn auch du gerne experimentierst, versuche doch beim nächsten Käsefondue diesen Feuerzauber ... Aber nochmals: Be careful!

GEWÜRZMISCHUNGEN

1 Glas | 5 Min. | leicht

GERRYS PASTA-ZAUBER À LA PUTTANESCA

Zubereitungszeit: 5 Minuten
Utensilien: 1 Schraubglas à 400 ml
Zutaten für 1 Glas

- 2 EL Gerrys scharfes Zaubersalz (s. S. 16)
- 2 EL Knoblauchgranulat, z.B. von Sonnentor
- 2 EL Zwiebelgranulat, z.B. von Ostmann
- 1 EL Gerrys umwerfendes Tomaten-Sesam-Zaubersalz (s. S. 14)
- 1 EL Oregano, getrocknet
- 1 EL Petersilie, getrocknet
- 1 EL Schnittlauchröllchen, gefriergetrocknet
- 2 TL Chiliflocken

Dieser Pastazauber schmeckt auch wunderbar zu Pizzen ...

1. Gib Gerrys Zaubersalz, das Knoblauch- und Zwiebelgranulat, das umwerfende Tomaten-Sesam-Zaubersalz, den Oregano, die Petersilie, den Schnittlauch und die Chiliflocken in den Mixtopf und zerkleinere alle Zutaten 4 Sekunden/ Stufe 6.

2. Fülle das Gewürz in ein Glas um oder verwende direkt einen Teil für deine Pasta!

mixtipp
3 EL Pastazauber in 3 EL Wasser 12 Minuten einweichen, 1 EL Olivenöl dazugeben, weitere 5 Minuten einweichen und gut umrühren. Anschließend in feinem Olivenöl mit ein paar Tomatenvierteln (oder Kirschtomaten) anbraten und über die zuvor gekochten Nudeln geben.

mixtipp

Wenn vorhanden, machen sich auch ein paar getrocknete Knoblauchscheiben gut in der Mischung. Und dann kann man das Gewürz auch noch mit 2 EL geriebenem Parmesan veredeln … lecker!

GERRYS ORANGEN-PFEFFER-ZAUBER
FÜR DIE GEWÜRZMÜHLE

1 Glas · 5 Min. · leicht

Zubereitungszeit: 5 Minuten
Utensilien: 1 Schraubglas à 200 ml
Zutaten für 1 Glas

- 40 g schwarze Pfefferkörner
- 20 g bunte Pfefferkörner
- 10 g Zwiebelgranulat, z.B. von Ostmann
- 10 g Knoblauchgranulat, z.B. von Sonnentor
- 20 g Bio-Orangenschale, getrocknet, z.B. von Bremer Gewürzhandel
- 1 TL Gerrys verbessertes Zitronen-Zaubersalz (s. S. 18)
- ½ TL Kurkuma, gemahlen
- 1 TL Paprikapulver, geräuchert, z.B. von Fuchs

Nun hast du mit der Gewürzmühle einen weiteren Zauberstab in deiner Küche.

1. Gib die schwarzen und bunten Pfefferkörner, das Zwiebel- und Knoblauchgranulat, die Bio-Orangenschale, Gerrys Zitronen-Zaubersalz, die Kurkuma und das Paprikapulver in den Mixtopf und zerkleinere alle Zutaten 4 Sekunden/ Stufe 7 grob. Mische das Gewürz anschließend noch 5 Sekunden/ Stufe 2 gut durch.

2. Nun kannst du deine Gewürzmühle damit befüllen. Der Rest kommt in ein sauberes Schraubglas und ist das Nachfüllglas für deine Gewürzmühle.

mixtipp

Der Einsatz deiner Gewürzmühle mit dem Orangen-Pfeffer-Zauber beschränkt sich nicht nur auf zauberhafte Orangensaucen. Besonders gut schmeckt Geflügel mit dieser Orangen-Pfeffer-Mischung. Im asiatischen Raum ist sie übrigens der Hit für gebratene Ente.

GERRYS ZAUBERGEWÜRZ FÜR KARTOFFEL & CO –
EINFACH UND DOCH RAFFINIERT

1 Glas | 5 Min. | leicht

Zubereitungszeit: 5 Minuten
Utensilien: 1 Schraubglas à 400 ml
Zutaten für 1 Glas

- 2 EL Suppengrün, getrocknet
- 2 EL Zwiebelgranulat, z.B. von Ostmann
- 2 EL Petersilie, getrocknet
- 1 EL Knoblauchgranulat, z.B. von Sonnentor
- 1 TL Rosmarin, getrocknet
- 1 TL brauner Zucker
- 1 TL Oregano, getrocknet
- 1 TL Paprikapulver, edelsüß
- 1 TL Bohnenkraut, getrocknet
- 1 TL ganze Pfefferkörner, schwarz
- 1 EL Gerrys scharfes Zaubersalz (s. S. 16)
- 3 EL grobes Meersalz
- 2 TL Kornblumenblüten, getrocknet, erhältlich im Reformhaus

Es gibt sicher viele Kartoffelgewürze. Aber meine Kornblumenblüten machen es zu etwas Besonderem.

1. Als Erstes gibst du Suppengrün, Zwiebelgranulat, Petersilie, Knoblauchgranulat, Rosmarin, Zucker, Oregano, Paprikapulver, Bohnenkraut, Pfeffer und beide Salzsorten in den Mixtopf. Zerkleinere die Zutaten 12 Sekunden/ Stufe 10, warte 2 Minuten, bevor du den Deckel öffnest und schiebe dann die Stücke mit dem Spatel nach unten.

2. Füge nun die Kornblumenblüten hinzu und mische sie 6 Sekunden/ Stufe 4 mit dem Gewürz. Fertig ist dieses neue Zaubergewürz. In einem trockenen Schraubglas hält es sich viele Monate. Zaubern ist so leicht!

mixtipp

Dieses Zaubergewürz macht sich hervorragend zu deinen Bratkartoffeln. Aber auch Kartoffelknödel oder Gnocchi schmecken damit nicht nur besser, die blauen Kornblumenblüten erfreuen sogar die Augen deiner Gäste.

GEWÜRZMISCHUNGEN

4 Gläser   5 Min.   leicht

GERRYS PIZZA-ZAUBER-GEWÜRZ, SELBSTGEMACHT

Zubereitungszeit: 5 Minuten
Utensilien: 4 Schraubgläser à 50 ml
Zutaten für 4 Gläser

1 EL Röstzwiebeln
1 EL Gerrys Zaubersalz (s. S. 12)
1 TL Gerrys Sellerie-Chilisalz (s. S. 30)
1 TL bunte Pfefferkörner
1 TL Knoblauchgranulat, z.B. von Sonnentor
1 TL Majoran, gerebelt
1 TL Basilikum, getrocknet
1 TL Petersilie, getrocknet
1 TL Paprikapulver, rosenscharf

Wenn du ein fantastisches Pizzagewürz suchst, dann bist du hier richtig.

Gib Röstzwiebeln, beide Gerry-Salze, bunte Pfefferkörner, Knoblauchgranulat, Majoran, Basilikum, Petersilie und Paprikapulver in den Mixtopf. Dann pulverisierst du die Mischung 12 Sekunden/ Stufe 10. It's so easy!

mixtipp
Das Gewürz solltest du dunkel lagern und du hast locker ein Vierteljahr Freude damit.

mixtipp
In 4 kleinen Gläschen hast du beliebte Geschenke für deine Freunde.

mixtipp

Mit Gerrys Pizza-Zaubergewürz kannst du neben Pizza Geflügel-, Reis- und Pastagerichten einen zauberhaften Anstrich verleihen.

GERRYS THAI-CURRY, SCHARF

 1 Glas 5 Min. leicht

Zubereitungszeit: 5 Minuten
Utensilien: 1 Schraubglas
à 200 ml
Zutaten für 1 Glas

- 1 EL Paprikapulver, rosenscharf
- 1 EL Paprikapulver, geräuchert, z.B. von Fuchs
- 10 Chilischoten, getrocknet
- 1 EL Cayennepfeffer
- 2 EL Kurkuma, gemahlen
- 1 geh. TL Ingwer, gemahlen, z.B. von Ostmann
- 1 EL Kreuzkümmel, gemahlen
- 1 TL Zitronengraspulver
- 1 TL Senfkörner
- 1 TL Pfeffer, gemahlen
- 2 EL rotes Currypulver, z.B. von Fuchs
- 1 gestr. TL Zimt
- 2 Nelken
- 1 TL Koriander, getrocknet

Für nahezu alles, was du ohne Salz scharf machen möchtest ...

1. Als Erstes füllst du beide Paprikapulversorten, die Chilischoten, den Cayennepfeffer, die Kurkuma, den gemahlenen Ingwer, den Kreuzkümmel, das Zitronengraspulver, die Senfkörner, den Pfeffer, das Currypulver, den Zimt, die Nelken und den Koriander in den Mixtopf.

2. Anschließend zerkleinerst du die Zutaten 10 Sekunden/ Stufe 10. Warte 2 Minuten, bevor du den Deckel öffnest, da die Gewürzmischung staubt.

mixtipp
In einem sauberen Schraubglas hält sich diese Gewürzmischung viele Monate.

mixtipp

Probiere doch mal mit dem Gewürz dein Frühstücksei aus! Aber be careful!

mixtipp

Diese tolle Gewürzmischung verwende ich besonders in der fernöstlichen Küche: Im Wok genauso wie bei scharfem Hähnchen im Varoma.

1 Glas | 5 Min. | leicht

GERRYS CAFÉ DE PARIS-GEWÜRZ

Zubereitungszeit: 5 Minuten
Utensilien: 1 Schraubglas à 150 ml
Zutaten für 1 Glas

2 EL Zwiebelgranulat, z.B. von Ostmann
2 EL gelbe Senfkörner
2 kleine Chilischoten, getrocknet
2 TL brauner Zucker
2 TL Ingwer, gemahlen, z.B. von Ostmann
1 TL Kurkuma, gemahlen
1 EL Koriander
½ TL Vanillezucker
½ TL Zimt
1 Prise Muskat
½ EL schwarze Pfefferkörner
1 EL Gerrys Zaubersalz (s. S. 12)
1 EL Schnittlauchröllchen, gefriergetrocknet

Die vielen Zutaten lohnen sich. Du bekommst etwas ganz Besonderes. Ein Vorrat, der sich lohnt, auch für zauberhafte Geschenke! Wegen der Haltbarkeit ist es besonders wichtig, dass du nur wirklich trockene Zutaten verwendest.

1. Gib das Zwiebelgranulat, die Senfkörner, die Chilischoten, den braunen Zucker, den gemahlenen Ingwer, die Kurkuma, den Koriander, den Vanillezucker, den Zimt, den Muskat, die Pfefferkörner, Gerrys Zaubersalz und die Schnittlauchröllchen in den Mixtopf. Pulverisiere anschließend die trockenen Zutaten 14 Sekunden/ Stufe 10. Da die Mischung staubt, solltest du vor Öffnen des Deckels 2 Minuten warten.

2. Fülle das Gewürz in ein Glas ab. Dunkel aufbewahrt hält sich dieser Schatz locker 6–8 Monate.

mixtipp
Diese besonders feine Gewürzmischung ist sowohl in der kalten als auch in der warmen Küche daheim.

mixtipp

Wenn du zimmerwarme Butter mit dem Gewürz vermengst, erhältst du den Klassiker Café de Paris-Butter.

mixtipp

Mit Gerrys Café de Paris-Gewürz kann man hervorragend Sahnesaucen, Dips, Omelettes und Rührei, Buttergemüse oder sogar Frikadellen abschmecken.

RUBS & MARINADEN

1 Glas 5 Min. leicht

GERRYS GYROS-ZAUBER-RUB

Zubereitungszeit: 5 Minuten
Utensilien: 1 Schraubglas à 400 ml
Zutaten für 1 Glas

- 1 geh. EL Thymian, getrocknet
- 1 geh. EL Oregano, getrocknet
- 1 geh. EL Basilikum, getrocknet
- 1 geh. EL Paprikapulver, rosenscharf
- 1 geh. EL Paprikapulver, geräuchert, z.B. von Fuchs
- 1 gestr. EL Rosmarin, getrocknet
- 1 gestr. EL Gerrys scharfes Zaubersalz (s. S. 16)
- 2 TL Knoblauchgranulat, z.B. von Sonnentor
- 2 TL Zwiebelgranulat, z.B. von Ostmann
- 2 TL brauner Zucker
- 2 TL schwarzer Pfeffer
- ½ TL Zimt

Auch die Griechen können wunderbar zaubern.

1. Gib zunächst Thymian, Oregano, Basilikum, beide Paprikapulversorten, Rosmarin, Gerrys Zaubersalz, Knoblauch- und Zwiebelgranulat, Zucker, Pfeffer und Zimt in den Mixtopf. Zerkleinere dann die Mischung 8 Sekunden/ Stufe 9. Warte 2 Minuten, bevor du den Deckel öffnest, da der Rub sehr staubt.

2. In ein trockenes Schraubglas gefüllt hält dieses feine Gewürz viele Monate.

mixtipp
In fast allen fertig gekauften Gewürzmischungen findest du künstliche Zusätze und Geschmacksverstärker. Hier nicht!

RUBS & MARINADEN

mixtipp

Geräuchertes Paprikapulver bringt oft erst das gewisse Etwas. Leider ist es nicht in jedem Laden zu kaufen. Deshalb kaufe ich es im Internet.

LIEBLINGSRUBS & GEWÜRZE

GERRYS BBQ-DRY-RUB

1 Glas | 15 Min. | leicht

Zubereitungszeit: 15 Minuten
Utensilien: 1 Schraubglas à 400 ml
Zutaten für 1 Glas

5 EL brauner Zucker
3 EL weißer Zucker
3 EL Gerrys Zaubersalz (s. S. 12)
½ EL Ingwer, gemahlen, z.B. von Ostmann
½ EL Knoblauchgranulat, z.B. von Sonnentor
½ EL Paprikapulver, edelsüß
½ EL Paprikapulver, geräuchert, z.B. von Fuchs
schwarzer Pfeffer, nach Belieben

Neben meinem Zaubersalz sollte dieser Rub in deiner Küche nicht fehlen …

1. Zuerst gibst du die beiden Zuckersorten, Gerrys Zaubersalz, den gemahlenen Ingwer, das Knoblauchgranulat, beide Paprikapulversorten und nach Belieben Pfeffer in den Mixtopf.

2. Nun zerkleinerst du die Gewürzmischung 15 Sekunden/ Stufe 10. Warte vor Öffnen des Deckels 2 Minuten, da der Rub sehr staubt. Voilà, schon ist dein Gewürz fertig.

mixtipp
Wie viele meiner Gewürzmischungen ist auch dieser Rub vielseitig einsetzbar: - einfach über das Fleisch streuen bzw. damit einreiben oder - mit Sojasauce, Honig und Olivenöl eine duftende Marinade bereiten.

RUBS & MARINADEN

8 Portionen | 10 Min. | leicht

GERRYS ASIATISCHE MARINADE

Zubereitungszeit: 10 Minuten
Zutaten für 8 Portionen

1 kleine Schalotte, geschält, halbiert

3 EL Olivenöl

1 EL Gerrys Zaubergewürz für Fleisch (s. S. 20)

1 TL Paprikapulver, geräuchert, z.B. von Fuchs

1 EL Sojasauce

1 TL Honig

1 geh. TL Sesamkörner, geröstet

Du bekommst wirklich eine vielseitig einsetzbare Marinade.

1. Als Erstes zerkleinerst du die Schalotte im Mixtopf 5 Sekunden/ Stufe 8 und schiebst die Stückchen mit dem Spatel nach unten. Gieße 1 EL Öl an und dünste die Schalottenstückchen 3 Minuten/ 100°C/ Stufe 1.

2. Gib nun das Zaubergewürz für Fleisch, das Paprikapulver, die Sojasauce, den Honig, die restlichen 2 EL Olivenöl und die Sesamkörner dazu und vermenge die Zutaten 10 Sekunden/ Stufe 3 zu einer leckeren Marinade.

mixtipp

Diese Marinade verfeinert nahezu alle Fleischsorten. Bevor das Fleisch weiterverarbeitet wird (egal ob auf dem Grill, in der Pfanne oder im Varoma) solltest du es mindestens 2 Stunden in der Marinade ziehen lassen. Ideal ist es, wenn es über Nacht im Kühlschrank ruhen kann.

LIEBLINGSRUBS & GEWÜRZE

1 Glas | 10 Min. | leicht

GERRYS ZAUBER-RUB
FÜR FEINE TACOS UND BURRITOS

Zubereitungszeit: 10 Minuten
Utensilien: 1 Schraubglas à 200 ml
Zutaten für 1 Glas

- 3 EL Chilischoten, getrocknet
- 1 EL Gerrys Zaubersalz (s. S. 12)
- 2 TL Zwiebelgranulat, z.B. von Ostmann
- 2 TL Knoblauchgranulat, z.B. von Sonnentor
- 3 TL Paprikapulver, rosenscharf
- 1 TL Kurkuma, gemahlen
- 1 TL Ingwer, gemahlen, z.B. von Ostmann
- 1 TL Koriandersamen, getrocknet
- 1 TL Pfeffer, gemahlen
- ½ TL Majoran, gerebelt

Auch in der mexikanischen Küche ist Zaubern leicht ...

1. Als Erstes pulverisierst du die Chilischoten im Mixtopf 8 Sekunden/ Stufe 10 und schiebst die Stückchen mit dem Spatel nach unten.

2. Dann fügst du Salz, Zwiebel- und Knoblauchgranulat, Paprikapulver, Kurkuma, gemahlenen Ingwer, Koriander, Pfeffer und Majoran hinzu und vermengst die Zutaten 10 Sekunden/ Stufe 7 kräftig miteinander.

1, 2, 3, fertig ist die mexikanische Zauberei ...

mixtipp
In einem sauberen Schraubglas hast du mit dem Rub mindestens ein Jahr Freude.

RUBS & MARINADEN

3 Gläser | 10 Min. | leicht

GERRYS MAGIC-RUB

Zubereitungszeit: 10 Minuten
Utensilien: 3 Schraubgläser à 250 ml
Zutaten für 3 Gläser

120 g Gerrys Ingwer-Zitronen-Zaubersalz (s. S. 22)

200 g brauner Zucker

100 g weißer Zucker

60 g Paprikapulver, rosenscharf

60 g Paprikapulver, geräuchert, z.B. von Fuchs

100 g Knoblauchgranulat, z.B. von Sonnentor

2 EL Zwiebelgranulat, z.B. von Ostmann

2 EL Ingwer, gemahlen, z.B. von Ostmann

2 EL Pfeffer, gemahlen

1 EL Zimt

1 EL Koriander, gemahlen

Dieser Rub ist magic, weil er so vielseitig verwendet werden kann.

1. Gib Gerrys Zaubersalz, den braunen und weißen Zucker, beide Paprikapulversorten, das Knoblauch- und Zwiebelgranulat, den gemahlenen Ingwer, den Pfeffer, den Zimt und den Koriander in den Mixtopf. Zerkleinere dann alle Zutaten 20 Sekunden/ Stufe 6.

2. In sauberen Schraubgläsern abgefüllt hält dieser Rub mindestens ein halbes Jahr.

mixtipp
Der Rub schmeckt besonders gut zu Spareribs und vielen Geflügelarten. Passt aber auch gut zu Fischfilets mit festem Fleisch. Oder versuche doch mal Steckerlfisch am Holzkohlengrill.

LIEBLINGSRUBS & GEWÜRZE

mixtipp

Mit dieser raffinierten Trockengewürzmischung reibst du die Fleischstücke ein paar Stunden vor dem Garen ein. It's magic!

mixtipp

Dieser vielseitige Magic-Rub in kleine Gläser abgefüllt, mit einem Schleifchen verziert, ist ein begehrtes Gastgeschenk …

3 Gläser   10 Min.   leicht

GERRYS RUB „MEDITERRAN"

Zubereitungszeit: 10 Minuten
Utensilien: 3 Schraubgläser à 200 ml
Zutaten für 3 Gläser

- 180 g Gerrys Zaubersalz (s. S. 12)
- 180 g brauner Zucker
- 60 g Paprikapulver, edelsüß
- 60 g Paprikapulver, geräuchert, z.B. von Fuchs
- 2 EL Knoblauchgranulat, z.B. von Sonnentor
- 2 EL Zwiebelgranulat, z.B. von Ostmann
- 1 EL Gerrys Sellerie-Chili-Salz (s. S. 30)
- 1 EL Majoran, gerebelt
- 1 EL Pfeffer
- 1 TL Chilipulver

Rub kommt aus dem Englischen und bedeutet „einreiben".

1. Als Erstes füllst du Gerrys Zaubersalz, den braunen Zucker, beide Paprikapulversorten, das Knoblauch- und Zwiebelgranulat, Gerrys Sellerie-Chili-Salz, den Majoran, den Pfeffer und das Chilipulver in den Mixtopf.

2. Dann vermischst du die Zutaten 20 Sekunden/Stufe 6 kräftig miteinander.

mixtipp
Diese feine Gewürzmischung hält locker eine ganze Grillsaison.

mixtipp

Ganz besonders fein schmecken mit diesem Rub Hähnchenbruststreifen, Chicken Wings, Rippchen oder auch Burger.

8 Portionen | 3-4 h 5 Min. | leicht

GERRYS ZAUBERMARINADE
FÜR NAHEZU ALLE FLEISCHSORTEN

Zubereitungszeit: 5 Minuten
Ruhezeit: 3–4 Stunden
Zutaten für 8 Portionen

- 4 Knoblauchzehen, geschält
- 3 Schalotten, geschält, halbiert
- 100 g Olivenöl
- 60 g trockener Rotwein
- 1 EL mittelscharfer Senf
- 2 EL Tomatenmark
- 1 EL Petersilie, frisch
- 1 gestr. EL Gerrys scharfes Zaubersalz (s. S. 16)
- 1 TL Majoran, frisch, alternativ: getrocknet
- 1 TL Thymian, frisch, alternativ: getrocknet
- 1 TL Rosmarin, getrocknet
- 2 EL Griechischer Joghurt, 10 % Fett
- Saft von 1 Limette

1. Als Erstes zerkleinerst du die Knoblauchzehen und Schalotten im Mixtopf 5 Sekunden/ Stufe 5 und schiebst die Stücke mit dem Spatel nach unten.

2. Nun fügst du Olivenöl, Rotwein, Senf, Tomatenmark, Petersilie, Salz, Majoran, Thymian, Rosmarin, Joghurt und Limettensaft hinzu und vermischst die Zutaten 2 Minuten/ Stufe 2.

3. Vermenge nun dein Fleisch in einer großen Schüssel mit der Marinade und lass es darin 3–4 Stunden im Kühlschrank ziehen. Grundsätzlich muss das Fleisch mit der Marinade vollständig bedeckt sein!

4 Portionen — 5 Min. — leicht

GERRYS SPARERIBS-MARINADE

Zubereitungszeit: 5 Minuten
Zutaten für 4 Portionen

20 g Kapern, aus dem Glas
2 Knoblauchzehen, geschält
100 g Tomatenmark
75 g Ketchup
2 geh. EL Gerrys umwerfendes Tomaten-Sesam-Zaubersalz (s. S. 14)
100 g Honig
30 g Dijon-Senf
1 TL Sambal Oelek
1 EL Kräuter der Provence, getrocknet
2 EL Aceto Balsamico, hell
2 EL Sojasauce
etwas Pfeffer
120 g gutes Olivenöl

Wenn du besonders gelungene Spareribs haben möchtest, dann versuche dich einmal an Gerrys Marinade!

1. Zerkleinere zunächst die Kapern und den Knoblauch im Mixtopf 3 Sekunden/ Stufe 5 und schiebe die Stückchen mit dem Spatel nach unten.

2. Gib dann das Tomatenmark, den Ketchup, das Tomaten-Sesam-Zaubersalz, den Honig, den Senf, das Sambal Oelek, die Kräuter der Provence, den Aceto Balsamico, die Sojasauce und den Pfeffer dazu und verrühre die Zutaten 10 Sekunden/ Stufe 3.

3. Gieße das Olivenöl nun langsam durch die kleine Öffnung im Messbecher 30 Sekunden/ Stufe 4 in den Mixtopf hinein. Fertig ist die Marinade.

SAUCEN

4 Gläser | 25 Min. | leicht

GERRYS TEUFLISCHE ZAUBERSAUCE

Zubereitungszeit: 25 Minuten
Utensilien: 4 Schraubgläser à 200 ml
Zutaten für 4 Gläser

| 200 g Schalotten, geschält, in Stücken |
| 200 g rote Paprika, entkernt, in Stücken |
| 3 Knoblauchzehen, geschält |
| 150 g Butter, weich, in Stücken |
| 1 EL Currypulver |
| 200 g Ketchup |
| 3 EL Gerrys Grill-Zaubergewürz (s. S. 17) |
| 1 EL Cayennepfeffer |
| 1 TL Sojasauce |
| 1 TL Aceto Balsamico, dunkel |

Diese teuflische Zaubersauce ist eine echte Bereicherung für jede Grillparty.

1. Als Erstes zerkleinerst du Schalotten, Paprika und Knoblauch im Mixtopf 7 Sekunden/ Stufe 5 und schiebst die Stücke mit dem Spatel nach unten. Gib die Butter dazu und dünste die Gemüsestückchen 15 Minuten/ 100°C/ Stufe 1 an.

2. Nun gibst du das Currypulver, den Ketchup, Gerrys Grill-Zaubergewürz, den Cayennepfeffer, die Sojasauce und den Aceto Balsamico in den Mixtopf und köchelst die Zutaten weitere 4 Minuten/ 95°C/ Stufe 2.

3. Fülle die Sauce noch heiß in 4 saubere Twist-Off-Gläser, verschließe sie fest und stelle diese für 2 Minuten auf den Kopf. Drehe sie dann um und lass die Sauce im Glas vor dem Verzehr auskühlen. Sie ist mehrere Monate haltbar.

mixtipp

Ich habe das Rezept extra für 4 Gläser ausgelegt, damit du, wenn du zu einer Grillparty eingeladen bist, das ideale Mitbringsel dabei hast. Und wenn du selber grillst, dann genieße deine teuflische Sauce.

4 Portionen | 30 Min. | leicht

SUGO AL TONNO –
GERRYS FEINE THUNFISCHSAUCE

Zubereitungszeit: 30 Minuten
Zutaten für 4 Portionen

250 g Tomaten, geschält, aus der Dose

1 Knoblauchzehe, geschält, in 3 Teilen

Gerrys Zaubersalz, nach Belieben (s. S. 12)

120 g Thunfisch in Öl, abgetropft, aus der Dose

2 EL feines Olivenöl

2 Sardellenfilets, in Öl eingelegt, in Stücken

Ein Gedicht zu Spaghetti ...

1. Zunächst gibst du die Tomaten samt Saft, den Knoblauch und eine Prise von Gerrys Zaubersalz in den Mixtopf und garst die Mischung 15 Minuten/ 100°C/ Stufe 1. Entferne dann den Messbecher und lass die Tomatensauce weitere 10 Minuten/ 95°C/ Stufe 1 reduzieren.

2. Dann fügst du den Thunfisch, das feine Olivenöl und die Sardellenstückchen hinzu und lässt die Sauce 3 Minuten/ 95°C/ Stufe 3 kochen. Nun kannst du die Sauce über die Pasta deiner Wahl verteilen.

6 Portionen   15 Min.   leicht

GERRYS ROTWEINSAUCE
NACH ART DES FRANZÖSISCHEN HAUSVATERS

Zubereitungszeit: 15 Minuten
Zutaten für 6 Portionen

2 EL Olivenöl

1 EL Röstzwiebeln

400 g Glühwein oder Rotwein

1 Msp. Zimt

½ TL Aceto Balsamico, dunkel

Pfeffer, nach Belieben

Salz, nach Belieben

Diese Sauce passt sehr gut zu Steaks!

1. Als Erstes erhitzt du Olivenöl und Röstzwiebeln im Mixtopf 3 Minuten/ 90°C/ Stufe 2.

2. Gib den Rotwein und den Zimt dazu und lass die Flüssigkeit 15 Minuten/ 100°C/ Stufe 1 ohne Messbecher einkochen.

3. Zum Schluss schmeckst du die Sauce mit Balsamico, Pfeffer und Salz ab.

mixtipp

Wer diese göttliche Sauce öfter macht, dem empfehle ich als eine weitere Variation 1–2 TL grüne Pfefferkörner dazuzugeben.

SAUCEN 87

mixtipp

Auch ein Schuss Portwein ist verdammt lecker in dieser Sauce.

4 Portionen | 30 Min. | leicht

GERRYS CHAMPIGNON-COGNAC-SAHNESAUCE

Zubereitungszeit: 30 Minuten
Zutaten für 4 Portionen

2 Schalotten, geschält, in Stücken
1 Knoblauchzehe, geschält
40 g Butter
600 g Champignons, in Scheiben
3 geh. TL Mehl
230 g Sahne
1–2 EL Cognac
1 gestr. TL Gerrys scharfes Zaubersalz (s. S. 16)
½ TL Majoran, getrocknet
½ TL Thymian, getrocknet
½ TL Petersilie, TK oder frisch
1 TL Brühpulver oder -paste
2 Spritzer Aceto Balsamico, hell

Diese Allround-Sauce macht glücklich, egal ob zu kurz gebratenem Fleisch, Gnocchi, Reis oder Nudeln jeder Art.

1. Als Erstes zerkleinerst du die Schalotten und den Knoblauch im Mixtopf 5 Sekunden/ Stufe 5 und schiebst die Stückchen mit dem Spatel nach unten. Gib dann die Butter dazu und dünste die Gemüsestückchen 4 Minuten/ 100°C/ Stufe 1 an.

2. Nun fügst du die Champignonscheiben hinzu und schwitzt sie 4 Minuten/ 100°C/ Linkslauf/ Stufe 1 an.

3. Anschließend gibst du das Mehl, die Sahne, den Cognac, das Zaubersalz, den Majoran, den Thymian, die Petersilie, das Brühpulver und den Aceto Balsamico in den Mixtopf und kochst die Sauce 9 Minuten/ 100°C/ Linkslauf/ Stufe 1. Schon ist die leckere Sauce fertig. Wenn Kinder mitessen, lässt du den Cognac einfach weg!

mixtipp
Damit das Mehl nicht klumpt, rühre ich es in einer Tasse mit etwas Milch oder Sahne an.

8 Portionen 30 Min. leicht

GERRYS ETWAS ANDERE GRILLSAUCE
MIT BOURBON WHISKEY

Zubereitungszeit: 30 Minuten
Zutaten für 8 Portionen

2 Knoblauchzehen, geschält, in Stücken

1 Schalotte, geschält, in Stücken

1 EL feines Olivenöl

1 TL Fenchelsamen

60 g brauner Zucker

1 gestr. EL Sellerie-Chili-Salz (s. S. 30)

1 TL Paprikapulver, geräuchert, z.B. von Fuchs

1 TL Chiliflocken

1 TL Cayennepfeffer

80 g Aceto Balsamico, hell

1 EL Sojasauce

250 g Tomatenmark

1 TL Gerrys Zaubergewürz für Fleisch (s. S. 20)

Pfeffer, nach Belieben

70 g Bourbon Whiskey

Mit dieser Grillsauce (auch als Marinade verwendbar) macht das Grillen doppelt Spaß!

1. Zunächst zerkleinerst du den Knoblauch und die Schalotte im Mixtopf 8 Sekunden/ Stufe 8 und schiebst die Stückchen mit dem Spatel nach unten. Gib das Olivenöl und die Fenchelsamen dazu und dünste die Mischung 4 Minuten/ 100°C/ Stufe 2 an.

2. Nun fügst du den Zucker, das Sellerie-Chili-Salz, das Paprikapulver, die Chiliflocken, den Cayennepfeffer, den Aceto Balsamico, die Sojasauce, das Tomatenmark, Gerrys Zaubergewürz und den Pfeffer hinzu und erhitzt das Gemisch 5 Minuten/ 100°C/ Stufe 2. Lass die Sauce dann weitere 12 Minuten/ 95°C/ Stufe 2 köcheln.

3. Zum Schluss ziehst du nur noch den Bourbon 20 Sekunden/ Stufe 2 unter. Fertig ist diese Köstlichkeit.

4 Portionen | 5 Min. | leicht

GERRYS COCKTAILSAUCE

Zubereitungszeit: 5 Minuten
Zutaten für 4 Portionen

250 g Sahne

3 EL Ketchup

1 EL Worcestershiresauce

2 TL Weinbrand

1 TL Sherry, medium dry

Salz, nach Belieben

Pfeffer, nach Belieben

Mein heißer Tipp für Hummer, Krabben oder Garnelen.

1. Als Erstes setzt du den Schmetterling in den Mixtopf ein, gießt die Sahne hinein und schlägst diese 20 Sekunden/ Stufe 4 auf.

2. Dann gibst du den Ketchup, die Worcestershiresauce, den Weinbrand und den Sherry hinzu und verrührst die Zutaten 10 Sekunden/ Stufe 3. Schmecke die Cocktailsauce abschließend mit Salz und Pfeffer ab.

mixtipp
Die Hummerteile, Garnelen oder Krabben auf Salatblättern anrichten und mit dieser geilen Sauce beträufeln ... Da wird jeder Gast schwach!

GERRYS KNOBLAUCH-SALSA MIT KAPERN UND OLIVEN

 4 Portionen 15 Min. leicht

Zubereitungszeit: 15 Minuten
Zutaten für 4 Portionen

| 6 Knoblauchzehen, geschält |
| 1 gestr. TL Gerrys Zaubersalz (s. S. 12) |
| 35 g grüne Oliven, ohne Stein |
| 90 g Kapern, aus dem Glas |
| 450 g feinstes Olivenöl |
| 3 Eigelb, Größe M |
| etwas Pfeffer |
| ½ TL Zitronensaft |
| 4 schwarze Oliven für die Deko |

Ob Vater- oder Muttertag, oder einfach ein schöner Grillabend in der untergehenden Sonne – gut, dass es da Gerrys Knoblauchsalsa gibt!

1. Als Erstes zerkleinerst du die Knoblauchzehen mit Gerrys Zaubersalz, den grünen Oliven und den Kapern im Mixtopf 10 Sekunden/ Stufe 8 und schiebst die Stückchen mit dem Spatel nach unten.

2. Dann gießt du langsam das Olivenöl bei laufendem Motor 30 Sekunden/ Stufe 4–6 durch die Deckelöffnung hinein. Es sollte eine cremige Masse entstehen. Eventuell musst du die Mischung ein wenig länger verrühren.

3. Nun gibst du die Eigelbe dazu und schlägst sie 20 Sekunden/ Stufe 7 unter. Rühre zum Schluss Pfeffer und Zitronensaft 8 Sekunden/ Stufe 4 unter. Bei entsprechender Kühlung hält diese kleine Köstlichkeit 3 Tage. Aber sie ist erfahrungsgemäß eh schneller verputzt ...

mixtipp: Die Salsa schmeckt zu allen „Grilladen", wie die Schweizer sagen. Stangensellerie- und Karottensticks und gegrilltes Baguette dazu bringen den extra Kick.

mixtipp: „Knoblauch macht einsam" sagte meine Omili. Gerry meint dagegen: „Beide Partner sollten diese Köstlichkeit genießen! Dann gibt's auch keine Probleme!"

SAUCEN 95

4 Portionen 10 Min. leicht

GERRYS MOJO VERDE (GRÜNE SAUCE)
IDEALE BEILAGE ZU GEGRILLTEM

Zubereitungszeit: 10 Minuten
Zutaten für 4 Portionen

2 Bund Koriander, ca. 200 g

1 grüne Paprika, in Stücken, entkernt

2 Knoblauchzehen, geschält

½ grüne Chilischote, entkernt

½ EL Limettensaft

100 g feines Olivenöl

1 gestr. TL Gerrys Zaubersalz (s. S. 12)

1 Prise Zucker

Pfeffer, nach Belieben

1. Als Erstes wäschst du den Koriander, tupfst ihn mit Küchenpapier trocken und hackst ihn mitsamt Stielen grob. Gib ihn dann mit den Paprikastücken, dem Knoblauch und der Chilischote in den Mixtopf und zerkleinere die Zutaten 12 Sekunden/ Stufe 9. Schiebe alles mit dem Spatel nach unten.

2. Danach mengst du Limettensaft, Olivenöl, Zaubersalz, Zucker und etwas Pfeffer 15 Sekunden/ Stufe 4 unter. Fertig ist die Schwester der Mojo Rojo.

mixtipp

Du kannst die Sauce auch in saubere Gläser abfüllen. Im Kühlschrank hält sie sich bis zu 2 Wochen. Achte immer darauf, dass die Sauce von Olivenöl bedeckt ist, sonst verkürzt sich die Haltbarkeitszeit.

SAUCEN

mix*tipp*

Am liebsten serviere ich sowohl die Mojo Verde als auch die Mojo Rojo als Beilage zu Gegrilltem.

GERRYS MOJO ROJO (ROTE SAUCE)
IDEALE BEILAGE ZU GEGRILLTEM

 4 Portionen 40 Min. mittel

Zubereitungszeit: 10 Minuten
Backzeit: 30 Minuten,
250°C Grillstufe
Zutaten für 4 Portionen

2 große rote Paprika, geviertelt, entkernt
½ rote Chilischote, entkernt
1 Knoblauchzehe, geschält
½ TL Kreuzkümmel, gemahlen
½ TL Gerrys Zaubersalz (s. S. 12)
1 Prise Zucker
100 g gutes Olivenöl
1 Spritzer Aceto Balsamico, hell

Hier kommt die Schwester von Gerrys Mojo Verde.

1. Als Erstes heizt du den Backofen auf 250°C Grillstufe vor und legst die Paprika mit der Hautseite nach oben auf ein Backblech. Grille die Paprikastücke nun so lange, bis die Haut schwarz wird. Dann nimmst du das Backblech heraus und deckst es sofort mit einem feuchten Küchentuch ab. Warte 10 Minuten. Nun lässt sich die Paprikahaut prima mit einem kleinen Messer abziehen.

2. Anschließend gibst du die gehäutete Paprika, die Chili und den Knoblauch in den Mixtopf und pürierst die Zutaten 15 Sekunden/Stufe 8–10. Schalte dabei langsam von Stufe 8 auf Stufe 10 hoch. Schiebe die Stückchen mit dem Spatel nach unten.

3. Füge Kreuzkümmel, Zaubersalz, Zucker, Olivenöl und Aceto Balsamico hinzu und vermenge die Mischung 20 Sekunden/ Stufe 4.

mixtipp
Zu dieser typisch kanarischen Würzsauce isst man typischerweise Papas arrugadas (runzelige Kartoffeln), aber auch Fleisch oder Fisch. Ganz fantastisch schmeckt sie zu Grillgut.

mixtipp

Du kannst die Sauce auch in saubere Gläser abfüllen. Im Kühlschrank hält sie sich bis zu 2 Wochen. Achte immer darauf, dass die Sauce von Olivenöl bedeckt ist, sonst verkürzt sich die Haltbarkeitszeit.

SAUCEN

4 Portionen | 30 Min. | leicht

GERRYS KESCHTE-TRAUBENSAUCE AUS SÜDTIROL

Zubereitungszeit: 30 Minuten
Zutaten für 4 Portionen

150 g Keschte (Esskastanien), verzehrfertig, aus dem Vakuumpack, halbiert

½ TL Vanillezucker

60 g trockener Weißwein, z.B. Weißburgunder

500 g kräftige Rinderbrühe

1 gestr. TL Gerrys Zaubersalz (s. S. 12)

100 g kernlose weiße Trauben, halbiert

40 g eiskalte Butter

Die Idee zur Sauce stammt aus Südtirol, der Region um Meran, wo ich beim Törggelen dieses Rezept kennengelernt habe.

1. Als Erstes gibst du die Kastanien mit dem Vanillezucker, dem Weißwein, der Brühe und dem Salz in den Mixtopf und lässt die Mischung 20 Minuten/ 98°C/ Stufe 2 leicht kochen. Dann zerkleinerst du die Zutaten 6 Sekunde/ Stufe 5.

2. Zur Krönung mischst du die halbierten Trauben und die eiskalte Butter 3 Minuten/ 95°C/ Linkslauf/ Stufe 1 unter.

mixtipp

Diese köstliche und nicht alltägliche Kastanien-Traubensauce passt zu vielen Fleischgerichten. Gebratene Filetstreifen in dieser göttlichen Sauce sind ein Gedicht. Dann noch ein Südtiroler Weißburgunder dazu, und du und deine Gäste, ihr seid einfach nur glücklich!

LIEBLINGSRUBS & GEWÜRZE

SAUCEN

4 Portionen   10 Min.   leicht

GERRYS FEINE VANILLE-SAFRANSAUCE
MIT EINEM HAUCH KNOBLAUCH

Zubereitungszeit: 10 Minuten
Zutaten für 4 Portionen

1 Scheibe frischer Ingwer, geschält, ca. 4 mm breit

1 kleine Knoblauchzehe, geschält

1 TL Vanillemark, aus der Schote ausgekratzt

Abrieb von ½ Bio-Zitrone

1 kl. Döschen Safranfäden (0,1 g)

1 gestr. TL Gerrys scharfes Zaubersalz (s. S. 16)

Pfeffer, nach Belieben

½ TL Kurkuma, gemahlen

80 g Butter, weich, in Stücken

Eine weiße Fischsauce der etwas anderen Art ...

1. Als Erstes zerkleinerst du den Ingwer, den Knoblauch und das Vanillemark im Mixtopf 7 Sekunden/ Stufe 8 und schiebst die Stücke mit dem Spatel nach unten.

2. Gib den Zitronenabrieb, die Safranfäden, Gerrys Zaubersalz, den Pfeffer, die Kurkuma und die weiche Butter hinzu. Erhitze die Sauce anschließend 6 Minuten/ 98°C/ Stufe 2.

mixtipp

Diese Fischsauce ist, auch ohne Safran, eine Delikatesse zu Kabeljau, Dorsch, Heilbutt, Wolfsbarsch und Seeteufel.

LIEBLINGSRUBS & GEWÜRZE

GEWÜRZBUTTER & PESTOS

GEWÜRZBUTTER & PESTOS

8 Portionen | 10 Min. | leicht

GERRYS FEINE SESAMBUTTER

Zubereitungszeit: 10 Minuten
Zutaten für 8 Portionen

| 3 EL Sesamkörner |
| 180 g Butter, weich, in Stücken |
| 1 TL Gerrys verbessertes Zitronen-Zaubersalz (s. S. 18) |
| 2 TL Honig |
| ½ TL Chilipulver |
| Pfeffer, nach Belieben |
| ½ TL Kurkuma, gemahlen |
| ½ TL Knoblauchgranulat, z.B. von Sonnentor |
| ½ TL Kreuzkümmel, gemahlen |

Wieder ein nicht alltägliches Rezept für deine Küche.

1. Wie schon bei einigen anderen Rezepten röstest du zunächst ganz entspannt den Sesam in einer Pfanne ohne Fett langsam bei mittlerer Hitze an. Wenn die Sesamkörner eine schöne Bräune angenommen haben und deine Küche duftet wie im Märchen, dann ist er genau richtig! Lass die Sesamkörner anschließend 10 Minuten abkühlen.

2. Dann gibst du den Sesam mit der Butter, dem Zitronen-Zaubersalz, dem Honig, dem Chilipulver, dem Pfeffer, der Kurkuma, dem Knoblauchgranulat und dem Kreuzkümmel in den Mixtopf und vermischst die Zutaten 20 Sekunden/ Stufe 3.

3. Mithilfe von Backpapier wickelst du die Sesambutter zu einer Wurst und lässt sie im Kühlschrank gut durchkühlen.

mixtipp

Es muss nicht immer Kräuterbutter sein: Eine Scheibe von der Sesambutter auf Steak kann die Erfüllung sein. Als Brotaufstrich auf frischem Bauernbrot ist sie ebenfalls ein Gedicht.

LIEBLINGSRUBS & GEWÜRZE

GERRYS ZAUBERBUTTER

Zubereitungszeit: 15 Minuten
Zutaten für 12 Portionen

250 g Butter, weich, in Stücken
1 EL Gerrys scharfes Zaubersalz (s. S. 16)
1 TL Sojasauce
1 TL Honig
2 TL Aceto Balsamico, dunkel
5 EL Röstzwiebeln

Dies ist die perfekte Ergänzung für gegrillten Fisch oder gegrilltes Fleisch.

1. Als Erstes gibst du die Butter, das Zaubersalz, die Sojasauce, den Honig und den Aceto Balsamico in den Mixtopf und schlägst die Buttermischung 15 Sekunden/ Stufe 4 auf.

2. Dann fügst du die Röstzwiebeln hinzu und rührst sie 15 Sekunden/ Stufe 1 unter. Fertig ist die Butter. Fülle die Butter in eine Schale um und lagere sie im Kühlschrank. Hier ist sie abgedeckt ca. 2 Wochen haltbar.

mixtipp

Du kannst die Zauberbutter auch mithilfe einer Folie zu einer Wurst formen und dann bei Bedarf Scheiben davon abschneiden.

GERRYS CHILI-TOMATEN-KNOBLAUCHBUTTER

 10 Portionen | 5 Min. | leicht

Zubereitungszeit: 5 Minuten
Zutaten für 10 Portionen

| 1 EL Petersilienblätter |
| 1 Chilischote, frisch, entkernt, in Stücken |
| 6 Knoblauchzehen, geschält |
| 80 g Tomaten, geviertelt |
| 1 EL Tomatenmark |
| 1 gestr. EL Gerrys umwerfendes Tomaten-Sesam-Zaubersalz (s. S. 14) |
| 250 g Butter, weich, in Stücken |
| Abrieb und Saft von 1 Bio-Limette |
| 1 gestr. EL Sesamkörner, geröstet |

Diese feine Butter ist ein Highlight in deiner Küche und schmeckt sowohl zu gegrilltem Steak als auch zu Fisch.

1. Zerkleinere als Erstes die Petersilienblätter, die Chilischote und die Knoblauchzehen im Mixtopf 4 Sekunden/ Stufe 8 und schiebe die Stücke mit dem Spatel nach unten.

2. Gib die Tomatenviertel dazu und zerkleinere auch diese 3 Sekunden/ Stufe 5. Schiebe alles erneut mit dem Spatel nach unten.

3. Füge dann das Tomatenmark, Gerrys umwerfendes Tomaten-Sesam-Zaubersalz, die Butter, den Limettenabrieb und -saft sowie die gerösteten Sesamkörner hinzu und vermenge die Zutaten 20 Sekunden/ Stufe 3.

mixtipp
Die Sesamkörner empfehle ich, wie in einigen anderen Rezepten, frisch in einer Pfanne ohne Fett langsam goldbraun zu rösten. Dann schmecken sie am besten.

mixtipp
Du kannst diese Butter auch in einer Klarsichtfolie zu einer Wurst formen und dann nach Bedarf eine Scheibe abschneiden.

mixtipp
Gekühlt hält sich diese Delikatesse einige Wochen.

GERRYS KORIANDER-PESTO
MIT LEINSAMEN UND WALNÜSSEN

10 Portionen / 5 Min. / leicht

Zubereitungszeit: 5 Minuten
Zutaten für 10 Portionen

| 50 g Parmesan |
| 70 g Walnüsse |
| 4 Knoblauchzehen, geschält, halbiert |
| 200 g frischer Koriander |
| 65 g sehr gutes Olivenöl |
| 65 g Leinsamenöl |
| 3 EL Leinsamen, gemahlen |
| 1 gestr. TL Gerrys Zaubersalz (s. S. 12) |

Mein einfacher Beitrag zu deiner Gesundheit!

1. Als Erstes zerkleinerst du den Parmesan im Mixtopf 8 Sekunden/ Stufe 10 und füllst ihn in ein separates Schälchen um.

2. Nun zerkleinerst du auch die Walnüsse und Knoblauchzehen im Mixtopf 5 Sekunden/ Stufe 8 und schiebst die Stückchen mit dem Spatel nach unten.

3. Dann gibst du Koriander, beide Öle und die Leinsamen dazu und vermengst die Mischung 15 Sekunden/ Stufe 4. Schalte dabei langsam von Stufe 4 auf Stufe 8 hoch.

4. Zum Schluss rührst du Gerrys Zaubersalz und den Parmesan 12 Sekunden/ Stufe 6 unter. Schon ist das Pesto fertig für den Verzehr! In Gläsern abgefüllt ist das Pesto im Kühlschrank bis zu 2 Wochen haltbar. Achte immer darauf, dass das Pesto mit einer Schicht Öl bedeckt ist, sonst verringert sich die Haltbarkeit!

mixtipp
Dieses Pesto eignet sich auch zum Einfrieren z.B. in Eiswürfelformen. Da hat man immer einen feinen Vorrat.

mixtipp
Dieses wunderbare Korianderpesto enthält Fette, die dein Herz schützen, sowie gesunden Knoblauch. Koriander hat außerdem eine entgiftende Wirkung.

mixtipp

Das Pesto schmeckt zu Nudeln jeder Art, passt aber auch gut zu Lachs und Wok-Gerichten.

2 Gläser 10 Min. leicht

GERRYS BÄRLAUCH-INGWER-PESTO

Zubereitungszeit: 10 Minuten
Utensilien: 2 Schraubgläser à ca. 300 ml
Zutaten für 2 Gläser

100 g Parmesan
200 g Bärlauch, frisch, in Streifen geschnitten
50 g Ingwer, geschält, in Stücken
50 g Walnüsse
250 g Olivenöl
1 gestr. EL Gerrys Zaubersalz (s. S. 12)

Bärlauch und Ingwer: einfach eine geile Kombination!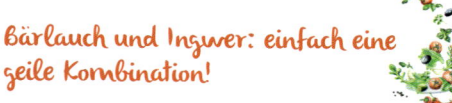

1. Als Erstes zerkleinerst du im Mixtopf den Parmesan 12 Sekunden/ Stufe 10 und füllst ihn in eine separate Schale um.

2. Dann gibst du die Bärlauchstreifen, die Ingwerstücke und die Walnüsse in den Mixtopf und verarbeitest die Zutaten 15 Sekunden/ Stufe 10 zu einer Paste. Gieße das Olivenöl ein und füge den Parmesan und Gerrys Zaubersalz hinzu. Vermenge die Mischung 10 Sekunden/ Stufe 3 zu einem Pesto.

3. Fülle das Pesto abschließend in Gläser um und lagere diese im Kühlschrank. Das Pesto ist so bis zu 2 Wochen haltbar. Achte darauf, dass das Pesto immer von einer Schicht Öl bedeckt ist, sonst verkürzt sich die Haltbarkeitszeit.

mixtipp: Dieses Pesto passt besonders gut zu Pasta und zu gebratenem Gemüse.

mixtipp

MIXT DU SCHON?

Du bist ein Fan des Thermomix®?

Du hast kreative Ideen, die du gerne mit deinem Thermomix® umsetzt?

Du möchtest immer wieder neue Rezepte mit deinem Thermomix® ausprobieren?

Dann suchen wir dich!

Ob internationale Küche, feine Backideen oder saisonale Rezepte, von der Haute Cuisine bis zur Hausmannskost, vom Lieblingsessen für die Kleinen bis zu raffinierten Spezialitäten für die große Party – wir suchen innovative Ideen fürs Kochen mit dem Thermomix®!

Wenn du Lust hast, ein Kochbuch mit uns zu machen, Rezepte für eins unserer nächsten Thermomix®-Bücher aus deiner persönlichen Sammlung beizusteuern oder deine Tipps und Tricks mit anderen Thermomix®-Fans teilen willst, melde dich bei uns:

**Edition Lempertz, Team mixtipp, Hauptstr. 354, 53639 Königswinter
Tel.: 02223 / 900036, Fax: 02223 / 900038
info@edition-lempertz.de, www.edition-lempertz.de**

LEMPERTZ

WEITERE TITEL DES AUTORS

mixtipp
Lieblingsfischgerichte

120 Seiten,
Format: 17 x 24 cm,
Klappenbroschur,
durchgehend farbig bebildert,
ISBN: 978-3-96058-975-4, **9,99 €**

Lust auf Fisch? Für alle Liebhaber von Speisen aus Meer und See hat das Team mixtipp gemeinsam mit dem Autor Gerhard Walter über 40 leckere und ausgefallene Fischrezepte zusammengestellt. Gerhard Walter alias Gerry ist ein Spezialist für Fischgerichte und begeistert seit einem Jahr seine Fans in verschiedenen Internetforen mit seinen Rezepten, die er ausschließlich mit dem Thermomix® kreiert.
Über Meeresfrüchte, verschiedene Fischarten bis hin zu Krustentieren ist alles vertreten, was die weltweiten Gewässer zu bieten haben. Neben traditionellen Gerichten mit Lachs oder Matjesstückchen in Dillsahne experimentiert Gerry auch mit exotischen Meeresbewohnern. Dabei verwöhnt er uns ebenfalls mit kreativen Suppen oder speziellen Vorspeisen – da ist einfach für jeden Geschmack und Anlass etwas dabei.
Neben den Rezepten bietet das Buch eine umfassende Warenkunde, die auch Anfängern den Einstieg in die Fisch- und Meeresfrüchtewelt erleichtert. Wie immer gilt: Alle Fischgerichte kannst du im TM 5 und TM 31 entspannt nachkochen. Wir wünschen dir viel Spaß beim Entdecken der Meeres-, Seen- und Flusswelt und beim Zubereiten der Fischgerichte.

WEITERE TITEL DER MIXTIPP-REIHE

**mixtipp:
Kochen für Gäste**
104 Seiten,
Format: 17 x 24 cm,
Klappenbroschur,
durchgehend farbig bebildert,
ISBN: 978-3-96058-040-9, **9,99 €**

**mixtipp:
Lieblingsgeschenke**
128 Seiten,
Format: 17 x 24 cm,
Klappenbroschur,
durchgehend farbig bebildert,
ISBN: 978-3-96058-105-5, **9,99 €**

**mixtipp:
Italienische Küche**
112 Seiten,
Format: 17 x 24 cm,
Klappenbroschur,
durchgehend farbig bebildert,
ISBN: 978-3-96058-038-6, **9,99 €**

Wer kennt das nicht? Das nächste Essen mit Freunden oder der Familie steht an und man weiß einfach nicht, was man für so viele Leute kochen soll. Unser Autor Alexander Augustin stand auch schon oft vor diesem Problem. Mit der Zeit entwickelte er tolle Gerichte, die alle seine Gäste und auch das Team mixtipp begeistert haben. Beginne dein Menü mit einer Suppe, serviere zum Hauptgang Karibische Hähnchenspieße und entzücke deine Gäste zum krönenden Abschluss mit saftigen Schoko-Nuss-Kirsch-Brownies. Dazu darf natürlich ein selbst gemachter Eistee nicht fehlen. Egal ob 4-Gänge-Menü oder Buffet – Die Rezepte von Alexander Augustin sind vielseitig einsetzbar und bereichern jede Party. Mit diesem Buch kannst du ganz entspannt Gäste einladen, denn während du den Tisch eindeckst, erledigt der Thermomix® den Rest für dich. Alle Rezepte sind wie immer für den TM 5 und TM 31 ausgelegt. Wir wünschen dir viel Spaß beim Nachkochen und Feiern mit deinen Gästen!

Kleine Geschenke erhalten die Freundschaft! Ob Weihnachten, Geburtstagsfeier, Gartenparty oder der Anstandsbesuch bei der Großtante ein Mitbringsel erwärmt jedem Beschenkten das Herz und knüpft Bande. Doch oft fehlt einem die zündende Idee für das passende Geschenk: Was also tun? Nicht verzagen, Team mixtipp fragen. In diesem Band haben wir die schönsten Do-it-yourself-Kreationen von Andrea Tomicek zusammengestellt. Hier findest du originelle Geschenkideen, die du ratzfatz Zuhause mit deinem Thermomix® selbst nachmachen kannst. Vom fruchtigen Orangenöl über das Tomaten-Relish, verschiedene Kuchen im Glas bis hin zum Rosenlikör und sogar Wohlfühlprodukten wie dem Orangenhaut-Kaffee-Peeling ist hier alles vertreten. Mit all diesen hausgemachten, wunderbaren Produkten kannst du in Zukunft Freunde, Familie und Kollegen beeindrucken und begeistern! Wie immer gilt: Alle Geschenke kannst du im TM 5 und TM 31 spielend leicht herstellen. Wir wünschen viel Spaß beim Ausprobieren, Verschenken und Freude bereiten!

Bella Italia! Wer liebt sie nicht, die italienische Küche? Pizza, Pasta und ganz viel Amore. Das Team mixtipp ist mit der Autorin Sylvia Lühert gemeinsam auf eine kulinarische Reise durch Italien gegangen. Sie hat über 40 Rezepte zusammengestellt, die die Vielfalt der italienischen Küche widerspiegeln. Von Bruschetta mit Avocado und Mozzarella über die klassische Lasagne al forno, bis hin zu Haselnuss-Panna-Cotta oder schnellem Tartufo. Für jeden ist etwas dabei! Zaubere dir mit dem TM 31 oder 5 italienisches Flair in dein Zuhause! Wir wünschen dir viel Spaß beim Nachkochen der Rezepte!

TITEL DER MIXTIPP-PROFILINIE

mixtipp PROFILINIE:
Kolja Kleeberg

120 Seiten,
Format: 20 x 25,5 cm,
Hardcover, durchgehend farbig bebildert,
ISBN: 978-3-945152-33-1, **24,99 €**

Sternekoch und gleichzeitig Thermomixer? Das geht, und wie! Ob bei Kochshows wie „Kerner kocht" oder in der professionellen Küche seines Sternerestaurants – der Thermomix® hat sich als treuer Begleiter in Kolja Kleebergs Küche großartig bewährt.
Für das Team mixtipp hat Kleeberg nun seine Lieblingsrezepte für daheim zusammengestellt. Rezepte, die einfach Spaß machen – sowohl beim Kochen als auch beim gemeinsamen Essen.
Entdecken Sie den Sternekoch in sich: Beginnen Sie ihr Menü doch mal mit einer fruchtigen Tomaten-Pfirsich-Gazpacho, gefolgt von einem goldgelben Safranrisotto – und zum krönenden Abschluss vielleicht die New York Cheesecake Crème? Soviel ist sicher: Bei den delikaten Vor-, Haupt- und Nachspeisen, die Kleeberg hier präsentiert, kann sich jeder sein persönliches Traummenü zusammenstellen.

mixtipp PROFILINIE:
Steven Raichlen – Saucen, Marinaden, Rubs & Grillbutter

240 Seiten,
Format: 20 x 25,5 cm,
Hardcover, durchgehend farbig bebildert,
ISBN: 978-3-96058-043-0, **19,99 €**

Die Erfolgsgeschichte geht weiter! Steven Raichlen, bekannter BBQ-Guru und TV-Koch, hat seine Rezepte in der ganzen Welt gesammelt und zeigt nun in der mixtipp PROFILINIE wie 119 seiner besten Saucen, Rubs und Marinaden im Thermomix® zubereitet werden. Die umfassende Sammlung hat für jeden etwas zu bieten: für Einsteiger einfache Saucen und Würzmischungen wie die Jalapeño-Sauce-Tartar oder die Sechs-Pfeffer-Mischung sowie professionelle Zubereitungen für Experten wie den Safran-Butter-Mopp oder die Irish-Whiskey-Glaze. Experimentierfreudige werden mit innovativen Geschmackskombinationen wie dem Kaffee-Kardamom-Brisket-Rub oder dem salzfreien Limonaden-Chili-Rub überrascht, können sich aber auch mit Hilfe einer Anleitung an eigene Kreationen wagen.
Kurz gesagt – Sie finden hier jede Art von Würzmittel, das Sie für die Zubereitung und den Genuss eines perfekten Barbecues benötigen. Und außerdem detaillierte Hinweise zu deren Verwendung, wenn das keine Gründe sind seine Grillsaucen endlich selbst zu machen...

Gratis-Exemplar sichern!

Sichern Sie sich zum Kennenlernen der MIXX-Zeitschrift jetzt ein Gratis-Exemplar im Wert von 4,90 €!

JETZT anfordern!

Name

Vorname

Adresse

☐ Ja, schicken Sie mir Ihren kostenlosen E-Mail-Newsletter und halten Sie mich über Neuheiten und Sonderangebote des Heel-Verlags auf dem Laufenden!

E-Mail-Adresse

Ihre Daten werden von der HEEL Verlag GmbH gespeichert, um Ihnen Informationen aus unserem Verlagsprogramm zukommen zu lassen. Ihnen entstehen weder Kosten noch Verpflichtungen. Sie können sich jederzeit vom Newsletter abmelden.

Datum

Unterschrift

Teilnahmebedingungen: Dieser Gutschein ist nur auf postalischem Weg einzulösen.
Pro Person nur ein Gutschein gültig

HEEL Verlag GmbH, MIXX-Redaktion, Pottscheidt 1, 53639 Königswinter
Tel.: 02223/9230-0, Fax: 02223/9230-13/26, www.heel-verlag.de